KB090858

팀장이 당신에게
진짜 원하는 것 39

팀장이 당신에게
진짜 원하는 것 39

초판 1쇄 인쇄 2024년 3월 19일
초판 1쇄 발행 2024년 3월 28일

지은이 임희걸

펴낸이 김찬희
펴낸곳 끌리는책

출판등록 신고번호 제25100-2011-000073호
주소 서울시 구로구 연동로 11길 9, 202호
전화 영업부 (02)335-6936 편집부 (02)2060-5821
팩스 (02)335-0550
이메일 happybookpub@gmail.com
페이스북 www.facebook.com/happybookpub/
블로그 blog.naver.com/happybookpub

ISBN 979-11-87059-95-0 13320
값 18,000원

팀장이
당신에게
진짜
원하는 것 39

임희걸 지음

끌리는책

후배에게 진짜 하고 싶은 말

입사는 새로운 시작이다

최종 합격을 통보받기 전에는 '일단 들어가기만 하면 어떤 일이든 다 해낼 수 있다.'라며 자신에 차 있었다. 그런데 실제로 일을 해보니 그렇게 되지 않았다. 오히려 회사에 들어오고 나서 고민이 더 커졌다는 팀원을 많이 본다. 시간이 꽤 흘렀지만 나 역시 그랬다.

선배나 동료들은 자비가 없어 보인다. 어떻게 일해야 할지 잘 모르겠는데 끊임없이 독촉한다. 간신히 오늘 일을 마무리하면 잘못했다고 면박을 준다. 바로 위 선배에게 물어볼까 싶어 살피면 모니터에 빨려 들어갈 듯 집중하고 있어, 말 한 번 걸기 어렵다. 어찌어찌 1~2년을 버텨보지만, 여전히 하루하루 일에 쫓기면서 간신히 방어하는 정도일 뿐 일하는 보람도, 성장하고 있다는 느낌도 없다. '나는 여기서 뭘 하고 있는 거지?' 하는 자괴감이 자주 찾아온다.

팀원의 이런 고민이 안타깝다. 조금만 더 멀리 넓게 보면 훨씬 효과적인 방법이 있는데 눈앞에 닥친 일만 하고 있다. 구체적으로 기획하고 실행 방안을 찾아야 하는데, 아이디어를 떠올리는 수준에서 더 나아가지 못한다. 힘들어하기만 할 뿐 매사 소극적이다. 성과를 높이려면 협업이 중요한데, 온통 자기 일에만 시선이 머물러있다.

사실 그들이 찾는 훌륭한 멘토는 현실에 없다. 해본 적 없는 과제를 맡아 문제의 핵심을 이해하고 길을 찾아갈 사람은 오직 당신뿐이다. 다양한 문제를 몸소 겪으며 스스로 성장할 수밖에 없는 게 현실이다.

업무 체계나 매뉴얼이 명확한 회사는 이런 어려움이 적고, 시행착오도 덜할까 싶어 이직도 고민한다. 하지만 직장생활을 해본 이들은 헛웃음 짓는다. 시스템을 갖추고 있고 아니고의 차이는 분명 있어도 일하는 요령은 이직으로 해결되지 않기 때문이다. 매뉴얼로 정형화하는 것에는 한계가 있다.

일 잘한다는 것의 의미

회사에 들어오기 전까지 우리는 거의 자신을 위한 일들만 했다. 공부, 운동, 여행, 친구 사귀기 등. 그런데 조직의 일원이 되어 일하면서는 항상 '고객'의 존재를 먼저 생각해야 한다. 즉, 다른 누군가를 위해 판단하고 행동해야 한다. 상품과 서비스를 구매하는 고객 외에도 상사, 동료, 협력업체와 같은 내부 고객도 모두 우리의 고객이다.

성과 창출이란 이 고객들이 원하는 결과를 만들어내는 것이다.

타인에게 인정받는다는 건 쉽지 않다. 내가 보기에는 충분한데 고객은 만족하지 않는 상황이 자주 생긴다. 인정받으려면 꾸준히 실력을 키우고, 문제해결 경험을 쌓아야 한다. 반복해서 성과를 내면서 '이 사람이라면 반드시 내가 원하는 결과를 보여줄 것이다.'라는 신뢰를 상대방에게 심어주어야 진짜 일 잘하는 사람이 된다.

일머리는 공부머리와는 다르다. 일 속에서 다양한 경험을 하고 그 경험을 곱씹고 해석하면서 일머리가 만들어진다. 많은 시행착오가 필요하다. '후배들이 내가 겪은 시행착오를 조금이라도 줄일 수 있다면 얼마나 좋을까?' 하는 생각으로 이 책을 쓰게 되었다.

벽을 넘는 방법

팀원 시절 나는 '좀 미리 알려주시면 안 되나?', '서툰 건 당연한데, 꼭 그렇게 지적하고 화내야 하나?', '방법을 자세히 알려주면 이토록 힘들게 하진 않았을 텐데…' 등 팀장은 물론 가까운 선배들이 일 요령을 알려주지 않아서 서운했다. 하지만 시간이 지나면서 그들도 자기 일에 치여 미처 누군가를 살필 시간이 부족하다는 걸 알았고, 목마른 사람이 우물 파듯 내가 먼저 다가가 물어볼 때 그들은 자기가 터득한 일 요령을 친절하게 알려준다는 사실을 알게 되었다. 질문을 어떻게 하느냐에 따라 선배의 대답이 달라진다는 사실도….

요즘 팀원들의 얼굴을 마주할 때면 그들이 원하는 것은 무엇인지 살피게 된다. 한 팀원을 붙들고 일일이 '이때는, 이런 게 더 낫지 않을까?' 이야기하고 제안할 수 있으면 좋겠지만, 나 역시 업무와 성과에 쫓기는데다, 팀장과 이런 대화를 반기는 팀원은 그리 많지 않다.

팀장과 팀원 사이에는 벽이 있다. 시간과 경험과 업무 능력의 벽이 분명 존재한다. 하지만 그 벽이 소통단절에 막히면 팀 운영과 성과는 물론 회사 생활 자체가 고통스러워진다. '팀장이 내게 원하는 것은 무엇일까?', '팀원이 제대로 일하게 하려면 팀장은 무엇을 알려주면 좋을까?' 이런 질문은 팀장과 팀원 사이 벽을 허무는 첫 걸음이자 가장 현명한 방법이 될 수 있다.

배우려 하지 않는 사람에게 가르치려 하는 곳은 학교밖에 없다. 학교를 벗어나면 배우고자 하는 사람에게만 기회가 주어진다. 일 잘하고 싶은 욕구가 있는 사람은 배우려는 열정도 강하다. 계속 성장하는 사람은 회사라는 조직에서 '대체 불가능한 인재'가 될 가능성이 크다. 나는 그런 욕구가 있는 사람들이 회사 생활을 좀 더 효과적이고 효율적으로 하길 바란다. 그 시작에 필요한 사항들을 담았다. 꼭 도움이 되리라 믿는다!

2024년 봄

임 희 걸

contents

팀장이 당신에게 원하는
보고, 보고서
Briefing & Reporting

2장 팀장이 당신에게 원하는
소통, 관계
Communication & Relationship

contents

3장 | 팀장이 당신에게 원하는
일머리, 개념
Working mind

4장 | 팀장이 당신에게 원하는
태도, 마음가짐
Mental Attitude

팀장이 당신에게 원하는
보고, 보고서
Briefing & Reporting

01 | 결론부터
보고하기

몇 시간 분량의 이야기를 1분 30초 안에 담아내야 하는 장르가 있다. 바로 영화 예고편이다. 상영시간이 2시간 전후인 영화를 짧게 보여주면서 관객의 흥미를 끌어내야 한다. 1분 30초 중에서도 초반 30초 안에.

보고서는 한 편의 영화다. 보고서의 구성은 영화 예고편에 해당한다. 예고편만 보고도 영화의 내용을 짐작할 수 있어야 한다. 그래야 팔리는 영화, 끌리는 보고서가 된다.

리더가 선호하는 보고법

1) 보고는 마케팅이다. 초반 30초에 시선을 사로잡아야 한다.
2) 리더는 바쁘고 산만하다. 보고받는 시간을 줄이고 싶다.

짧은 시간에 고객을 설득하지 못하는 영화는 실패한다. 마찬가지로 짧은 시간에 읽는 사람에게 강한 인상을 남기지 못하는 보고서는 사용 가치를 잃는다. 몇 날 며칠 야근하며 만든 보고서인데, 팀장의 눈길을 끌지 못했다면?

만일 당신이 한창 보고하고 있는데 팀장이 심드렁한 표정으로 "그래서 결론이 뭐야?"라고 말한다면? 그날 보고는 전략을 잘못 세웠다는 뜻이다.

보고는 마케팅과 같다. 보고를 잘하려면 핵심부터 얘기해야 한다. 제일 중요한 것은 무엇일까? 결론이다. 결론이 먼저 나와야 한다. '두괄식'이다. 영화 예고편은 결말까지 보여주지는 않지만 핵심 내용을 보여주면서 관객의 관심을 한순간에 끌어낸다.

"이 영화는 슈퍼 히어로가 지구를 점령하려는 악의 화신과 싸우는 내용이다. 최첨단 컴퓨터 그래픽을 활용해 지금까지 보지 못한 시가지 전투 장면을 생생하게 담고 있으니 감탄하게 될 거야. 주인공이 친한 동료에게 배신당하는 반전도 있지. 어때?"

어떻게 보고해야 보고서를 읽는 사람의 관심을 끌까? 어떻게 하면 내 의지를 관철하고 원하는 방향으로 일을 추진할 수 있을까? 어떻게 하면 팀장이 내 의견대로 바로 의사결정을 할까?

관객이 영화 예고편을 보고 예매를 할지 말지 결정하는 데는 불과 2~3분도 걸리지 않는다. 팀장 역시 당신의 보고서나 기획서를 보고 진지하게 검토해서 실행할지 더 보완해야 할지를 결정하는 데 몇 분이면 충분하다. 그렇다면? 그보다 훨씬 짧은 시간에 시선을 확 끄는 무엇이 있어야 한다.

상호소통이 중요한 시대

> 1) 고객이 듣고 싶은 핵심부터 말한다.
> 2) 어필하고 싶은 내용은 보고 중간에 한다.

사적인 대화는 상대를 억지로 배려하지 않아도 되고, 말하는 사람이 두서없이 말해도 서로 이해하는 데 어려움이 없다. 아주 친한 사이라면 대충 말해도 적당히 알아듣곤 한다.

하지만 회사에서 사용하는 대화, 즉 공적 소통에는 뚜렷한 목적이 있다. 대화 후에 반드시 결론이 있어야 하고, 이를 실행에 옮겨야 한다. 상황을 파악하고 의사결정하기 위해 소통한다. 의사결정을 내려야 하는 사람은 신속하고 정확한 판단이 필요하기 때문에 결론을 모른 채 이런저런 이야기로 시간을 끌면 피곤해한다.

주니어 팀원은 사적 소통에 익숙한 세대다. 특히 온라인에 강하다.

온라인에서 '좋아요' 숫자를 보면서 자신의 소통 능력을 자신한다. 그래서 공적 대화에서도 자신의 입장과 상황을 인정받고 이해받고 싶은 욕구가 있다. 상대가 어떤 말을 듣고 싶어 하는지보다 자신의 이야기를 들어주고, 인정해주고, 이해해주기를 바란다. 그러다 보니 '이 일이 얼마나 어려운지', '이번 일에 장애가 얼마나 많은지', '함께 일하는 사람이 얼마나 갑갑한지'를 호소한다.

하지만 소통은 상호작용이 중요하다. 과거 조직 내 소통은 위에서 아래로 흘렀다. 그리고 수많은 보고서와 자료를 보고 의사결정을 해야 하는 상사를 위해 어떻게 하면 효율적으로 전달할지에만 초점을 맞추었다. 보고하는 팀원의 어려움이나 애로사항은 소통에 포함하지 않았다. 하지만 최근에는 수평적인 소통을 강조하면서 팀장을 위한 보고와 마찬가지로 팀원의 입장을 표현하는 소통도 중요해졌다.

이제는 팀장과 팀원 모두 서로의 '고객'이다. 서로를 배려한 소통 방법이 필요하다. 팀원은 두괄식 보고로 팀장의 시간과 에너지를 줄여주어야 한다. 팀장은 팀원이 업무 과정에서 생기는 필요사항이나 어려움 등을 살필 수 있어야 한다.

상호 소통이 되려면 소통의 기본이 되는 보고서, 기획서, 제안서는 온전히 고객 중심으로 작성해야 한다. 고객은 '일의 목적', '그 일의 결과', '일의 혜택'을 알고 싶어한다. 사적 대화에서는 안부도 묻고

날씨 얘기도 하고 근황도 물어보며 워밍업으로 대화를 시작하지만 공적 대화에서는 다 생략하고 핵심부터 먼저 다뤄야 한다. 그다음 필요한 세부 사항을 다루는 편이 좋다. 결론은 맨 앞에 배치하고, 팀원 관점에서 어필하고 싶은 사항은 보고 중간에 포함시킨다. 그러면 서로의 관점을 충분히 고려한 보고가 될 수 있다. 그래서 보고 전에 적절한 시나리오를 준비하면 좋다.

핵심부터 이야기하는 요령

> 1) 보고도 시나리오가 필요하다.
> 2) 'Why?', '이걸 왜 해야 하는데?'를 제일 먼저 이야기한다.
> 3) 핵심 먼저 제안하는 PREP 글쓰기.

보고 시나리오를 짤 때는 목적을 먼저 떠올린다. 보고하는 이의 입장 보다는 보고받는 사람 관점에서 이해하기 쉽게 일의 목적을 제시한 다. 듣는 사람이 관심 있어 할 목적은 대개 '어떤 이익이 있는지'이다.

상사가 보고를 원하는 것은, 결국 의사결정을 위해서다. 팀장이 의사 결정을 하려면 'Why?', '이걸 왜 해야 하는데?' 하는 질문에 답할 수 있어야 한다. 이 질문에 답할 수 있으면 팀장을 설득할 수 있다.

기획안을 채택해야 하는 이유는 두 가지다. '이걸 하면 우리에게 어 떤 이득이 생기는지', '이걸 하지 않으면 우리에게 어떤 문제가 생기 는지' 보여주면 된다. 어떤 이득이 생기는지 보여주는 편이 더 유용하다. 사람들은 부정적인 메시지보다 긍정적인 메시지를 듣기 원한다. 하지만 수치화한 이득, 가시화한 이득을 보여주기 어려운 때가 있다. 그럴 때는 이 일을 하지 않으면 어떤 문제가 생긴다는 점을 제시하자.

'왜 갑자기 인스타그램 마케팅을 하려는지' 궁금해하면 '우리의 사회 공헌 활동을 보여주면 사회적 가치를 높이는 MZ 세대를 잠재고객으로 만들 수 있음'을 먼저 설명한다. 이 맥락을 이해할 수 있는 문장이 제일 위에 오도록 기획안을 작성한다. 보고할 때도 이 Why를 먼저 언급한다.

"지금 꼭 인스타그램 마케팅을 해야 하나?" 하는 질문에 "요즘 대세입니다.", "다들 그렇게 해요."라고 대답하면 실력이 부족하다는 평을 듣는다. 물론 경쟁사들이 모두 인스타그램 마케팅을 하니 우리도 뒤처지지 않기 위해서는 빨리 트렌드를 따라야 한다. 제안 동기가 그렇다 해도, 어떤 이득이 생길지 반드시 구상하여 제안해야 한다. 트렌드라고 해서 무작정 따라가는 것이라면, 남들이 실패할 때 우리도 같이 실패할 수밖에 없다. 철저히 이득과 손실을 따져 명확한 실행 이유가 보일 때 시도해야 한다.

핵심 메시지를 결정했다고 해도, 이를 풀어내는 전체적인 보고 시나리오가 잘 떠오르지 않는다면 'PREP 기법'을 사용하면 좋다. PREP

말하기 기법은 핵심부터 전달하는 방법이다. 서술형 글에도 사용하지만 보고서 작성 기법으로도 쓴다. 초반에 핵심 메시지를 제시하여 이목을 끌고, 다시 맨 마지막에 핵심 메시지를 반복한다.

PREP 말하기 기법
- **P**oint 핵심 메시지(주제문)
- **R**eason 논리적 이유
- **E**xample / **E**vidence 사례 제시
- **P**oint 핵심 메시지

PREP 활용 보고 메시지 준비 사례

영업 지원 시스템 개발 프로젝트 진행 현황 보고 드립니다.

[Point] 현재 70퍼센트 공정 진행률을 보여 계획 대비 조금 늦었지만, 충분히 통제할 수 있는 수준입니다.

[Reason] 사용자 인터페이스 디자인에 추가 작업 소요가 생겨서 1주 정도 전체 일정이 늦어졌습니다. 제일 중요한 요소이므로 이 작업은 꼭 필요합니다. 대신 데이터 이관을 미리 준비하여 1~2주 시간을 줄일 수 있어 전체 일정은 계획대로 진행할 수 있습니다.

[Example] 이전 유사한 고객관리 시스템도 핵심 모듈 개발에 인력과 시간을 더 투입하였습니다. 그 결과, 시스템 사용자 만족도가 굉장히 높았습니다.

[Point 반복]　이번 프로젝트의 70퍼센트 공정 진행률은 계획과 크게 다른 수준이 아닙니다. 핵심 모듈을 좀 더 정교하게 만들기 위한 과정이므로 걱정하실 것 없습니다.

사람들은 점점 더 짧은 콘텐츠에 익숙해지고 있다. 인스타그램의 릴스나 유튜브의 쇼츠 등 숏폼 동영상은 30초 정도 길이로 제작된다. 길어야 1분을 넘지 않는다. 이런 시대에는 길고 장황한 보고보다 핵심이 담긴 짧은 보고가 먹힌다. 전달해야 할 정보가 많고, 하고 싶은 말도 많을 것이다. 초반 30초에 보고의 핵심을 담고 일단 주의를 끈후에 본론을 이야기하자. 예고편에 끌려 극장에 앉는 관객처럼, 팀장이 핵심 메시지에 끌려 긴 보고를 듣도록 만들자.

02 | 완성도보다 타이밍

부사장에게 회사 인력구조 분석 보고서를 작성하라고 지시받았다. 인력과 관련한 다양한 데이터가 필요한 작업이어서 시간이 많이 필요했다. 되도록 풍부한 데이터와 상세한 분석으로 훌륭한 보고서라는 말을 듣고 싶었다. 완성도를 높이다가 '하루이틀 정도는 크게 상관없겠지!' 하는 생각으로 이틀 늦게 보고했다.

"이 보고서는 완성도가 아주 높습니다. 하지만 완성도 100퍼센트인 보고서라 해도 마감 시한을 넘기면 70점 이상 주기 어렵습니다. 반대로 내용이 부족하더라도 일정을 준수한 보고서는 100점입니다."

부사장은 사장의 지방 출장 전에 보고를 마칠 생각이었다. 그런데 내가 마감 시한을 이틀 넘겼고, 부사장은 적절한 보고 타이밍을 놓쳤다. 시간이 흘러 인력구조 보고는 새로 생긴 이슈에 묻혀버렸다. 타이밍을 놓쳐서 일 자체가 소용없게 되었다.

타이밍이 더 중요한 이유

> 1) 타이밍을 놓친 보고는 의미가 없다.
> 2) 자기중심 사고와 완벽주의 때문에 타이밍을 놓친다.

보고는 왜 타이밍이 중요할까? 보고 시기가 달라지면 결과도 달라진다. 사람들은 보통 보고의 완성도만 신경 쓴다. 보고서 잘 작성하고 효과적으로 전달하면 적절한 의사결정을 내릴 수 있다고 여긴다. 하지만 상사도 사람이다. 당일 컨디션과 분위기가 의사결정에 영향을 미친다. 타이밍이 내용보다 훨씬 중요한 때도 많다.

우리가 보고 타이밍을 놓치는 이유는 무엇일까?

첫째, 걱정과 불안 때문이다. 완벽한 보고서를 쓰고 싶은 욕심부터 '일이 잘못되면 어떡하지?' 하는 생각까지. 일을 시작할 때 우리 마음 속에는 많은 생각이 떠오른다. 걱정과 불안에 사로잡히면 시작할 타이밍을 놓친다. 일하는 중간중간 불필요한 걱정으로 속도가 나지 않는 때도 있다.

둘째, 내 입장을 먼저 생각하기 때문이다. 팀장이 아닌 내 스케줄만 생각하고 일정을 잡는다. 이러면 적절한 보고 타이밍을 놓치기 쉽다. 물론 다른 일도 많고 바쁜 것이 사실이다. 하지만 그럴수록 적절한 보고 시간을 염두에 두고 보고 전략을 세워야 한다.

셋째, 완벽하게 일하고 싶은 욕망 때문이다. 정호 차장은 완벽주의자였다. 자신의 기준에 맞는 철저한 보고서를 위해 늘 추가 시간을 달라고 요청했다. 보고 내용은 누구보다 훌륭했지만, 상사는 마감 시한을 지키지 않는 정호 차장을 신뢰하지 않았다. 보고서는 예술 작품이 아니다. 100퍼센트에 가까운 완성도는 욕심일 뿐이다.

마감 시한을 활용하자

1) 진짜 마감을 물어보고, 나만의 마감일을 정한다.
2) 마감 시한을 활용해 몰입한다.

보고 타이밍을 잡기 위해서는 '진짜 마감'을 확인하면 좋다. "부사장님, 보고는 언제까지 드리면 될까요? 부사장님께만 보고 드리면 되나요?"라고 묻는 방법이다.

상사가 더 윗선에 보고해야 한다면 마감 시한을 하루이틀 당겨 잡아야 한다. 부사장에게 보고하면 열에 아홉 통과되지 않거나 수정할 내용이 생긴다. 수정까지 고려해 최종 보고 일정을 잡아야 한다.

수정, 보완이 아니더라도 지시받은 기일 이전에 '나만의 마감 시한'을 정하면 좋다. 마감이 임박하면 부담감이 커진다. 부담감 때문에 마감 직전에는 실수가 잦아진다. 실수를 막기 위해 지시받은 마감일

1~2일 전까지 나만의 마감 시한을 정하자. 그러면 심리적 부담은 줄고 마감으로 인한 몰입 효과가 생긴다.

마감 시한은 우리가 고도의 몰입 상태에 들어가기 쉽게 한다. 마감에 쫓겨 쓴 덕분에 베스트셀러를 만든 작가가 많다. 기한을 정해놓으면 어떻게든 결과를 내기 위해 몰입하게 된다. 몰입은 평소의 한계를 넘어 탁월한 결과를 얻도록 도와준다. 일을 빠르게 처리하면서도 높은 수준을 달성하는 사람은 마감 시한을 잘 활용하는 사람이다.

보고 타이밍 잡는 법

1) 상사의 컨디션과 스케줄을 고려해서 보고 타이밍을 잡는다.
2) 지나치게 이른 보고 역시 적절하지 않다.

체력이 정신력의 크기를 결정한다. 심리학 연구팀에서 시간대별 판사의 가석방 심리 결과를 추적해보았다. 오전에는 가석방 승인 비율이 높았지만, 오후 늦은 시간으로 갈수록 기각 건수가 급격히 늘어났다. 의지력이 뛰어난 아침 시간에는 긍정적으로 결정했지만 오후로 갈수록 보수적으로 결정했다.

하루 중 언제 보고하는 것이 좋을까? 오전 일찍 보고하는 것이 제일 좋다. 오전에 보고할 수 없다면 오후가 되자마자 최대한 빨리 보고하면 좋다. 점심시간 직후에는 집중력이 떨어지는 경향이 있으니 1시~2시 사이는 적절하지 않다. 금요일 퇴근 전도 보고 타이밍으로는 좋지 않다. 일을 빨리 마무리 짓고 싶은 마음이 크기 때문이다.

보고 분위기도 중요하다. 상사가 더 윗사람에게 질책받았거나 좋지 않은 일이 생긴 직후에는 보고를 피해야 한다. 이슈가 터지기 전에 빠르게 보고해야 할 사항도 있다. 경쟁사의 신상품 출시 동향이나 현장에서 발생한 사고 등은 무조건 속도가 생명이다.

그렇다면 무조건 빨리 보고하면 좋을까? 빨리 보고하고 다른 일을 하려는 의도로 일찌감치 보고한 적이 있다. 팀장은 "고민이 부족한 것 아닐까요?" 하며 끝까지 듣지 않고 결정을 미루었다.

팀장에게 불안감이 큰 이슈는 실무자가 충분히 고민해서 폭넓은 대안까지 찾아주길 희망한다. 이럴 때는 무조건 빠른 게 정답이 아니다. 중간에 보고하면서 충분히 여러 가지 요소를 상의하며 시간을 갖고 더 나은 해답을 찾아야 한다.

일의 매듭을 짓는 건 매우 중요한 능력이다. 사람들은 '충분히 준비한 후에' 보고하기를 원한다. 우리 인생에서 완벽한 준비가 되는 때는 오지 않는다. 충분한 때를 기다리면 늦는다. 어떻게든 매듭을 짓는 것이 먼저다. 늦게 내린 올바른 결정보다 빨리 내린 틀린 결정이 나을 때가 많다.

03 | 묻기 전에 먼저 보고하기

광희 대리는 새로운 리더십 교육 프로그램 아이디어를 먼저 제안했다. 그때까지 팀장은 리더십 교육을 운영할 계획이 전혀 없었다. 시급한 일 처리에 바쁘다 보니 회사의 장래를 위해 리더 계층을 양성해야 한다는 데까지 생각이 미치지 못한 것이다.

일단 생각을 깨우치게 만들자, 팀장은 마치 기다렸다는 듯이 대답했다. "그동안 우리 회사는 팀장급 리더 양성 교육이 부족하긴 했어요. 임직원 교육 체계에 뭔가 빠진 것 같다 했더니 리더 양성이었네요." 그렇게 리더십 프로그램 개발은 팀의 핵심과제가 되었다.

동료들은 실무자가 고생해서 팀장 좋은 일만 시켰다고 말했지만, 광희 대리는 리더십 프로그램을 바라볼 때마다 뭔가 뿌듯한 기분을 감출 수 없었다.

먼저 보고하는 보고서는 150점

1) 알아서 명쾌한 방향을 제시하는 팀장은 흔치 않다.
2) 먼저 문제를 제기해 팀장이 생각하게 하는 편이 낫다.
3) 상사의 허를 찌르는 보고서는 쉽게 통과될 가능성이 크다.

팀장이 명확하게 일의 방향을 제시해주면 좋겠다는 팀원이 있다. 사실 그렇게 훌륭한 상사를 만났다면 직장 생활에서 큰 복을 얻은 셈이다. 안타깝게도 그런 상사는 쉽게 찾기 힘들다. 팀장은 대부분 팀원에게 명확한 방향을 제시하지 못한다.

팀장이 방향을 제시하지 못하는 데에는 다음과 같은 이유가 있다.

첫째, 팀원을 시험해보려는 팀장이다. 대략의 방향을 알고 있지만, 팀원이 답을 가지고 올 때까지 입을 다문다.

둘째, 구상력이 부족한 팀장이다. 먼저 방향을 세우지 못하고 일단 논의를 시작해야 점차 그림을 완성해나간다.

셋째, 능력이 없는 팀장이다. 팀원에게 과제를 떠넘기는 유형이다.

팀장이 바로 방향과 답을 주리라는 기대는 하지 말자. 팀장 역시 해답을 찾아가는 존재다. 멋진 팀원이라면 먼저 이슈를 던져 팀장이 생각하게 만들고, 아이디어를 제시해 팀장이 판단하게 유도한다. 팀장은 먼저 방향을 제시하는 데는 약하지만, 대신 풍부한 경험이 있다. 일단 팀원이 제안한 아이디어를 논의하면서 발전시키는 데는 도움이 된다.

상사의 생각을 맞추기 위해 독심술가가 될 필요는 없다. 호감 가는 상대의 마음을 알기 위해 밤새 고민해봐야 그 마음속은 알기 힘들다. 팀장의 머릿속을 읽으려 노력하는 경우가 있는데, 나는 접근 방법이 잘못되었다고 조언하고 싶다. 물론 중간보고를 통해 팀장과 생각의 차이를 좁혀가는 소통 과정은 필요하다. 하지만 최초 아이디어를 제안하고 먼저 들이대는 건 팀원이 나서는 편이 서로 편하다.

상사가 전혀 생각하지 못한 제안은 쉽게 의사결정이 이루어진다. 실무자가 진심을 담아 아이디어를 발전시켰으므로 완성도도 높은 편이다. 팀장은 반론을 제기하고 싶어도 팀원을 이길 방도가 없다. 이미 다양한 측면을 고민한 후 내놓은 제안이기에 상당한 설득력이 있다. 열망을 담아 제안서를 작성하면 보는 사람은 그 열정에 설득되기 마련이다.

왜 팀원은 선제 보고를 꺼릴까?

> 1) '목마른 사람이 우물 판다.'는 [유형 1]
> 2) '바쁘다 바빠!' 하는 [유형 2]
> 3) '실행력이 중요하지, 보고는 적을수록 좋다.'는 [유형 3]

그런데 먼저 나서서 제안하고 보고하는 팀원은 극소수다. 왜 팀원들은 선제 보고를 피하는 걸까? 대개는 '그렇게까지 열심히 할 여유가 없고, 그럴 이유도 없다'라고 생각하기 때문이다.

[유형 1]은 아쉬운 사람이 먼저 방향을 제시해야 한다고 생각한다. 그렇게 궁금하면 팀장이 언제까지, 어떻게 보고해달라고 지정하면 될 것 아닌가? 팀원이 먼저 나서서 보고하길 기다리다니 감나무 밑에서 감 떨어지길 바라는 꼴이다.

물론 팀장은 팀원을 불러 물어보거나 보고서 제출을 지시할 수 있다. 그렇게 지시받은 후 시작한 보고서는 내용이 좋을 리 없다. 작성자가

능동적이냐 수동적이냐, 보고서 쓸 때 태도가 보고서의 질을 결정한다. 하지만 먼저 들고 오는 보고서는 참신하다. 아이디어가 넘치고, 의견이 살아있다. 지시받고 만든 보고서에는 최소한의 내용만 담긴다. 그나마 중요한 내용이 빠지기 일쑤다. 숨기려 해도 열정의 차이가 글에 드러난다.

[유형 2]는 당장 맡은 업무가 바빠서 보고할 시간이 없다고 변명한다. '아무런 보고가 없으면 문제가 없는 것으로 알아달라.'라고 생각한다. 당장 눈앞 일에만 시선이 쏠려있어 다른 것은 생각할 여유가 없다.

팀장은 보고가 없으면 문제도 없다고 간주하지 않는다. 문제가 있지만 덮고 있다고 생각한다. 팀장과 소통하지 않는 시간이 길수록 신뢰도는 떨어지는 중이다. 또한 당장 나무 베기에 바빠 나무 자르는 도구 개선할 시간은 없다는 생각은 무책임하다. 낡고 무뎌진 도끼로 나무를 내리치고 있을 때, 경쟁사는 전기톱을 준비할 수 있다.

[유형 3]은 시간이 급하므로 일단 선조치를 하는 것이 중요하다고 여긴다. 신상품 프로모션을 전개해야 하는데, 신중한 팀장의 결정을 기다리려면 타이밍이 걱정된다. 결정 권한에서 크게 문제없으면 먼저 실행하고 나중에 몰아서 보고하겠다고 생각한다.

선조치 실행은 팀원이 리스크를 끌어안는 행위다. 만일 사고가 발생하면 팀장은 그런 결정을 한 적이 없다고 한다. 실행을 중시하는 타입은 보고의 중요성을 간과하는데, 보고는 팀원 자신을 보호하기 위한 안전장치다. 보고하면 팀장 책임이지만 보고하지 않으면 팀원 책임이 된다.

먼저 보고하는 것도, 될 수 있으면 보고하지 않으려 하는 전략도 다 나름의 이유가 있다. 결국은 선택 사항이다. 팀장을 우군으로 만들고 함께 움직이게 만드는 전략을 쓸 것인가, 아니면 일단 위험이 크더라도 내 일만 쳐내는 데 집중할 것인가?

자발적으로 쓰는 보고서가 재있다

1) 남이 시켜서 하는 일은 재미가 없다.
2) 조금이라도 의욕이 생기려면 스스로 알아서 하는 것이라야 한다.

학창 시절 우리는 모두 신기한 경험을 했다. 공부하긴 해야 하는데 시작하기가 참 어렵다. 간신히 공부할 이유를 떠올리고 의욕이 생겨서 책상에 앉으려 한다. 딱 이 순간에 엄마가 문을 벌컥 열고 들어온다. "여태까지 뭐 하는 거니? 공부는 언제 할 거야?" 그 순간 모든 의욕은 사라지고 반발심만 남는다.

인간의 마음은 복잡하다. 이미 하려고 마음먹은 일이라도 누가 시키면 그때부터는 하기 싫어진다. 보고서 작성과 보고도 마찬가지다. 시켜서 하면 흥미가 반감된다. 그때부터 의무감만 남는다.

회사원은 매사 의욕이 넘쳐 열정을 불태우지 않는다. 일의 방향을 스스로 결정할 수 없고, 실행도 내 뜻대로 되지 않는다. 그러다 보면 의욕이 꺾이고 흥미를 잃는다. 그러니 조금이라도 재미를 느끼며 일하려면 먼저 제안하는 편이 낫다.

혼자 보고서 쓰면서 팀장과 동료들을 깜짝 놀라게 하겠다는 상상에 가슴이 뛴다. 내가 먼저 회사에 좋은 아이디어를 제안한다는 생각에 마음 한편이 뿌듯하다. '이 건으로 크게 성과가 나면 나를 보는 눈이 달라지겠지?' 하며 슬쩍 미소 짓는다. 혼자 기분에 취해 벌이는 지나친 망상일지도 모른다. 그래도 즐겁다.

04 모두가 꺼리는 중간보고 잘하기

몇 개월이 걸리는 장기 프로젝트를 담당한 적이 있다. 성미가 급한 팀장은 초반부터 프로젝트 진행율을 점검하며 사사건건 개입했다. 담당자인 나는 서두르다 일의 완성도가 떨어질 것 같아 고민이 많았다. 프로젝트에는 충분한 시간이 필요했지만, 상사는 빠른 결과를 보고 싶어 했다. 머리를 쥐어뜯고 있었더니 선배 현찬 과장이 나를 불렀다.

"초반 경쟁사 조사가 끝나면 빠르게 중간보고를 하는 게 어때? 윗사람들은 오래 걸리는 큰일일수록 중간에 보고하면 좋아하더라고."

나는 현찬 과장의 조언대로 2~3페이지 보고서를 만들어 중간에 보고했다. 팀장은 아주 마음에 들어 했다. 그 뒤로 상당 기간 프로젝트가 어떻게 되어가고 있는지 묻거나 재촉하지 않았다.

팀장은 왜 중간보고를 원할까?

> 1) 팀장은 항상 불안하다. 팀의 일이 모두 통제 범위에 있기를 원한다.
> 2) 팀장도 임원에게 중간보고 하려면 사전 정보가 있어야 한다.

팀장과 팀원의 차이는 마치 화성에서 온 남자와 금성에서 온 여자만큼이나 거리가 멀다. 서로의 생각 차이를 보여주는 지점 중 하나가 중간보고다. 팀장은 중간보고 잘하는 사람을 신뢰한다. 중간보고는 완벽하지 않아도 되고, 진행 상황 정도만 간략히 보고하는 것이니 그리 어려운 일도 아니라고 말한다. 그 쉬운 일을 제대로 하지 못하는 팀원이 답답하다.

팀원은 중간보고를 끔찍히 싫어한다. 어차피 팀장과는 가까워지기 어려운 사이니까, 조금이라도 얼굴 마주치는 시간을 줄이고 싶다. 게다가 중간보고로 시간을 낭비하느니 그 시간에 일을 빨리 끝내버리는 편이 더 낫다고 생각한다. 어차피 결과가 중요한 것 아닌가.

팀장은 그 자리에 오르기까지 일에서 생기는 무수한 문제에 부딪혔다. 몇 날 며칠 밤을 새웠는데 제대로 된 결과가 나오지 않는다. 상당한 예산이 투입된 프로젝트가 중단되면서 책임 소재를 묻게 되었다. 협업해야 하는 일인데 부서 간 견해 차이로 시간만 낭비했다. 이런 일을 여러 차례 겪고 나면, 누구나 확인하고 또 확인하고 싶어진다.

더욱이 결과에 책임까지 져야 한다. 그러다 보니 팀장들은 매사에 문제 발생 가능성을 염두에 둔다. 어떻게든 사전에 정보를 파악하여 문제 발생을 차단하고 싶어 한다. 팀원의 중간보고를 받으면 팀장이 일의 진행 상황을 파악할 수 있으니 불안을 덜 수 있다.

팀장도 팀의 주요 업무를 임원에게 보고한다. 팀원에게 중간에 보고받아 팀 전체 업무 현황을 잘 파악해서 보고하면 관리에 뛰어난 팀장으로 평가받는다. 임원이 진행 상황을 물었을 때 대답하지 못하면 무능력한 팀장으로 낙인찍히기 쉽다.

왜 팀원은 중간보고를 꺼릴까?

1) 팀장이 잘 알지도 못하면서 끼어들어 일을 망친다고 생각한다.
2) 완성되지 않은 것은 팀장이 제대로 이해하지 못할까 걱정한다.

팀원은 왜 중간에 보고하지 않으려 할까? 여기에는 다 이유가 있다. 우선은 팀장이 업무의 세부 내용을 알지 못하면서 끼어든다고 생각한다. 지연 대리는 새로운 팀장 때문에 스트레스가 쌓인다. 다른 부서에서 온 팀장은 교육 운영 업무 경험이 없었다. 그러면서 사사건건 이래라저래라 지시하곤 했는데, 지시를 따랐다가 오히려 일이 틀어진 경우가 많았다. 이후 지연 대리는 되도록 중간보고는 생략하는 편이 낫다고 생각하게 되었다.

완성되지 않은 상태에서는 소통이 어렵다고 하는 팀원도 있다. 중간보고에서는 제한된 정보만 제공할 수 있는데, 큰 그림을 보는 능력이 부족한 팀장은 배가 산으로 가게 만든다. 재현 주임은 영업 지원 시스템 개발 프로젝트 중간 진행 상황을 보고했다. 일정 단축을 위해 비핵심 파트의 구축을 외주사에 맡기겠다는 내용이 포함되어 있었다. 외주가 핵심이 아니었지만, 팀장은 '꼭 외주로 보내야 하냐, 자체적으로 개발하면 안 되느냐. 돈이 더 들어가는 것 아니냐?'며 트집 잡았다.

이런 경험을 하고 나면 팀원은 중간에 보고하지 않으려 한다. 그러나 이것이야말로 성급하게 일반화하는 오류를 범하는 셈이다. 중간보고는 팀원에게 단점보다 장점이 훨씬 많다.

중간보고 잘하는 사람이 좋은 평가를 받는다

중간보고의 장점
1) 원하는 지원을 좀 더 쉽게 받을 수 있다.
2) 일 잘한다고 평가받을 수 있다.
3) 사전에 의견 차이를 좁힐 수 있다.

중간보고 잘하면 넉넉한 예산이나 납기를 지원받는다. 팀장으로서는 불안 요소가 해소되었으니 그가 하는 일을 신뢰하게 된다. 그리고 넉넉히 지원해주게 된다. 납기가 촉박한 일을 맡았다고 해보자. 처음부터 "이 건은 도저히 주어진 시간 안에 마무리할 수 없습니다."라고 주장해도 받아들이는 팀장이 많지 않다. 회사에서 시간은 곧 비용이고, 모든 일에 시간을 충분히 배분할 수 있는 것은 아니다.

일단 일을 시작하고 중간에 보고하면서 추가로 시간 확보가 된다면 더 높은 성과를 올릴 수 있다고 이야기해본다. 일이 시작되었으니 팀장 입장에서도 첫발은 뗀 셈이고, 중간보고를 통해 현황을 세세히 들어보니 납기가 부족하다는 말이 이해된다. 조직에서는 이렇게 중간에 보고하면 추가 지원을 확보할 수 있다.

팀장은 어떻게 팀원을 평가할까? 평가 포인트가 되는 행동을 했을 때를 기억해두었다가 이 정보가 쌓이면 전체적인 인물평을 엮는다. 평가 포인트란 주로 보고, 회의, 프레젠테이션 등이다. 특히 보고는 팀장이 팀원을 평가하는 결정적인 근거다. 중간보고로 기회를 늘리는 사람은 좋게 평가받을 기회가 늘어나는 셈이다.

중간보고는 소통 오류로 인한 리스크를 줄여준다. 일이 다 끝난 후에 팀장과 팀원 사이에 견해 차이가 크면 이것만큼 난감할 때가 없다. 처음부터 다시 하거나, 크게 수정해야 하거나, 기껏 일해놓고 나쁜 평가를 받게 된다. 중간보고는 같은 일을 두세 번 다시 하지 않도록 도와준다.

중간보고, 어떻게 하면 좋을까?

1) 아주 간략하게 보고하는 것으로 족하다.
2) 걱정되는 부분은 따로 준비해서 보고한다.
3) 전문적인 사안은 전문가나 권위자의 의견을 제시한다.

중간보고를 거창하게 생각하면 선뜻 보고하기 꺼려진다. 중간보고는 최소한의 정보, 한두 페이지면 족하다. 어차피 완성된 결과물이 아니므로 '일이 이렇게 진행되고 있습니다'라는 정도라면 어떤 방식도 좋다. 보고서가 아니라 메일이나 메모로 주요 사항을 기록한 내용이라도 충분하다.

만약 팀장의 개입으로 일이 틀어질 것이 걱정된다면 이 부분은 빼고 보고하는 것도 가능하다. 예산에 민감하게 반응하는 팀장이라면 '예산은 별도 산정 중'이라고 쓰고 나머지 사항만 보고하여 확인받는다. 예산은 나중에 구체적인 내용이 나오고 팀장의 지적에 대비할 준비가 다 끝난 후 보고해도 충분하다.

업무를 잘 모르면서 의견을 보태는 팀장이 고민이라면, 외부 전문가나 권위자의 의견을 제시한다. "법무팀에서 이 정도 계약 내용이라면 크게 문제될 사항은 없다고 합니다." 이 말 한마디로 팀장은 "오케이!"라고 말한다.

05 | 배드 뉴스 신속하게 보고하기

나는 채용 담당자로 일하면서 커다란 실수를 저질렀다. 면접 합격자를 선정하는 과정에서 불합격자가 명단에 포함되었고, 그대로 결재가 끝나버렸다. 접수번호로 데이터를 선별해야 하는데 이름을 사용한 탓이었다. 이름이 같은 합격자와 불합격자가 서로 바뀐 사실을 금요일 저녁 야근을 하다 발견했다.

주말 내내 온갖 상념에 빠져들었다. '사직서를 쓰고 다른 회사를 찾아볼까?', '달리는 차에 뛰어들어 당분간 회사를 쉴까?', '임원실에 숨어들어 결재 문서에서 합격자 명단을 슬쩍 바꿔놓을까?' 등등.

결국 나는 최대한 빨리 보고하기로 결정했다. 다행히 팀장과 임원이 나서서 사태를 빠르게 마무리할 수 있었다. 만약 내가 실수를 묻으려 부정을 저질렀으면 어떻게 되었을까?

왜 나쁜 소식 먼저 보고해야 할까?

> 1) 나쁜 일에는 빠른 대응이 중요하다.
> 2) 담당자 선에서 감당하기 힘든 일은 팀장이 처리하도록 한다.

우리는 누구나 실수한다. 실수를 사전에 막기 위해 철저하게 대비해야 하지만 그래도 실수가 없을 수는 없다. 일에 문제가 생겼거나 실수를 발견했다면 되도록 빨리 보고하자. 그래야 상사가 적절한 대안을 마련할 수 있다.

팀장 선에서 조치가 가능한 일이라면 즉시 적절한 대안을 마련하면 되고, 그보다 큰 문제라면 더 윗선에 보고하여 조치한다. 어느 쪽이든 빠른 보고가 이루어져야 해결의 '골든 타임'을 놓치지 않는다.

사람은 누구나 좋은 소식은 빨리 보고하려 하지만, 나쁜 소식은 알리는 시간을 최대한 미루려고 한다. 하지만 정확히 그 반대로 해야 한다. 배드 뉴스는 최대한 빨리 알려 함께 수습하자. 좋은 소식은 상대적으로 천천히 알려도 무방하다.

왜 나쁜 소식은 보고하기 힘들어할까?

1) '당장 핀잔 듣기 싫다. 어떻게든 뒤로 미루고 싶다.'라는 심리가 있다.
2) 자기 힘으로 어떻게든 해보고 해결이 안 되면 그때 알리려고 한다.
3) 잘못된 보고 태도는 오히려 신뢰를 잃게 만든다.

만일 앞의 상황에서 내가 보고를 미뤘으면 어떻게 됐을까? 우리 회사에 지원한 지원자들에게 큰 상처를 주고, 회사의 채용 절차 신뢰도가 크게 하락했을 것이다. 그 일이 기사화되고, 사회적으로 크게 비난받았을지도 모른다.

사고가 발생하면 누구나 '핀잔 듣기 싫다.', '혼나기 싫다.'라는 두려운 감정이 먼저 생긴다. 사고를 덮고 일단 뒤로 미루려는 심리가 강해진다. '나중에 어떻게든 되겠지!' 하며 현실에서 도피한다.

혼자 수습하려고 하다가 일을 더 그르치기도 한다. 심리적으로 위축된 상태에서 제대로 수습할 리 없다. 경험이나 권한이 부족한 주니어 팀원은 문제해결 역량이 상대적으로 부족하다. 당장 들키지 않을 뿐, 상황이 더 나빠질 가능성이 크다.

일단 보고하기로 했으면 확실하게 책임지려는 태도가 중요하다. 배드 뉴스를 빨리 보고하면 팀장에게 신뢰받는 계기가 된다. 사고에 적절히 대처하면 이를 계기로 상사에게 정직하고 현명한 실무자로 인식될 수 있다.

사고에 잘못 대응하는 두 가지 유형이 있다. 첫 번째는 변명만 늘어놓는 사람이다. 남 탓, 환경 탓만 한다. "채용 웹사이트가 부실해서 그렇게 되었습니다.", "채용 업무 마감을 촉박하게 정해서, 어쩔 수가 없었습니다." 문제의 원인을 다른 데로 돌리려 해봐야 소용없다.

두 번째는 문제 자체만 보고하면서 자신의 책임을 인정하지 않는 사람이다. 이런 태도도 좋지 않다. "입사 지원 페이지에 오류가 있었네요. 어쩌죠?" 자신은 아무 잘못과 권한이 없으니 어쩔 수 없다는 태도다. 자기는 아무 관련 없는 듯 말하는 '유체 이탈 화법'을 자주 사용하면, 무책임한 사람으로 각인된다.

배드 뉴스 보고하는 좋은 방법

1) 문제의 현상/원인/해결 방법을 잘 정리해서 보고한다.
2) 이후 대응 과정은 더 자주 보고해야 신뢰가 쌓인다.

문제가 발생하면 덮으려 하지 말고 빨리 보고한다. 문제가 더 나빠질 것 같은 불안은 일단 접어두자. 오히려 적절한 '반성'과 '개선 노력'이 뒤따른다면 실수가 있더라도 수습 잘하는 사람이라는 이미지를 심어줄 수 있다. 문제에 현명하게 대응하는 모습은 신뢰의 바탕이 된다. 물론 같은 실수를 반복하지 않도록 주의해야 한다.

팀장도 사람이다. 일이 잘못되었다는 말을 들으면 제일 먼저 생각나는 것은 '사고가 나지 않게 미리 좀 잘하지.' 하는 핀잔이다. 팀장도 본부장에게 사고 경위를 보고해야 하고 질책받을 수 있으니 마음이 무거운 건 당연하다.

팀장의 질책이 쏟아질 때는 일단 기다리자. 격한 감정이 사그라들기를 기다렸다가 그때부터 최대한 논리적으로 대응하면 된다. 차분하게 냉정을 유지하면서 다음의 세 가지 보고 기법을 활용해보자.

나쁜 소식을 보고할 때는
1) 문제의 정확한 현상
2) 문제가 발생한 근본 원인
3) 앞으로의 해결 방안
을 명확하게 이야기한다.

"(문제의 현상) 윤 대리는 홍보물 디자인을 의뢰하면서 2월 말까지 대금 지급을 약속했습니다. 2월 말에 윤 대리가 휴가로 자리를 비웠고 이때 비용 지급 절차가 실행되지 않았습니다. 이후 외주사가 대금 지급을 독촉하였으나, 윤 대리 혼자서 처리해보려다가 대금 지급이 2개월 더 늦어졌습니다."

"(문제의 원인) 결재가 이루어진 비용 집행 건 중에서 지급이 완료되지 않은 건은 매월 말에 점검하는 절차가 있었지만, 이 절차가 제대로 실행되지 않았습니다. 비용을 지급하는 사람과 월말에 점검하는 사람이 같았기 때문입니다. 상호 교차 점검이 이루어지지 않았습니다."

"(해결 방법) 비용 지급과 점검 업무를 다시 배분하겠습니다. 미지급 비용 점검은 용우 과장이 전담하도록 하겠습니다. 그리고 분기 단위로 예산 사용 명세와 함께 미지급 비용이 없는지 두 사람 이상이 이중으로 점검하는 절차를 만들겠습니다."

이것으로 팀장의 불안을 당장 잠재울 수 있다. 물론 이것만으로 팀장의 신뢰를 바로 회복할 수는 없다. 앞으로도 일을 제대로 처리할 사람이라는 신뢰를 주려면 보고한 해결 방법이 제대로 실행되고 있는지 중간중간 보고해야 한다.

"지난달 보고드린 월말 더블 체크를 진행했습니다. 확인 결과 이상이 없었고, 비용 지급 업무를 담당하는 직원 모두에게 더블 체크하는 방법을 교육했습니다."

사후 처리까지 꼼꼼히 챙기는 모습을 본 팀장은 당신을 신뢰할 수 있다고 생각할 것이다.

06 | 고객이 명확한 보고서 쓰기

종혁 과장은 연달아 한숨을 내쉬었다. 아무리 생각해도 이랬다저랬다 하는 팀장을 이해할 수 없었다. 종혁 과장은 새로운 마케팅 프로모션을 위한 기획안을 작성하는 중이었다. 평소처럼 기획안을 작성했는데 지난번에는 마음에 들어 하던 팀장이 이번에는 형편없는 기획이라고 평했기 때문이다.

나는 혹시 보고의 고객이 변한 것이 아닌지 생각해보라고 권했다. 갑자기 상사의 방향성이 돌변한다는 것은, 상황이 달라졌다는 의미다. 이번 보고의 진짜 고객은 누구일까? 팀장인가, 그보다 위 상사인가?

왜 팀장은 비슷한 기획안에 다르게 피드백할까?

> 1) 팀원은 비슷하게 기획안을 작성하는데, 팀장은 피드백이 매번 다르다.
> 2) 팀원은 팀장의 변덕으로 생각하지만, 보고서의 최종 고객이 달랐다.

"우리 팀장은 판단에 일관성이 없어요. 이럴 때는 이게 좋다고 하고, 저럴 때는 저게 좋다고 하니…. 똑같은 SNS 마케팅 프로모션인데 이 번에는 예상 매출 증가분은 빼고 잠재고객 확보 계획을 넣으라는 거예요. 잠재고객이라는 게 그냥 프로모션 안내를 클릭한 사람들일 뿐인데 무슨 의미가 있나요?"

"잠재고객 확보? 어디서 들어본 것 같은데…. 혹시 그거 상무님이 강조하고 있는 사항 아니야? 혹시 이번 기획안은 팀 수준에서 프로모션을 실행하려는 것이 아니라 상무님께 보고하려는 것 아닐까?"

"아니, 어차피 똑같은 프로모션 기획안인데요. 예산은 얼마고, 기간은 언제까지고, 외주 업체는 어디와 할 거다. 내용이 비슷한데 팀장이 보는 기획안과 상무님이 보는 기획안이 달라야 할 이유가 있나요?"

종혁 과장은 마지막에 읽는 고객이 누구냐에 따라 같은 기획이라도 얼마나 다르게 받아들이는지 전혀 모르고 있었다. 기획안도 결국은 글이다. 글은 독자가 누구냐에 따라 주제와 전달 방식이 완전히 달라진다.

모든 글에는 타깃 고객이 있다

1) 글쓰기 교실 첫 수업은 이 글을 읽을 고객이 누군지 정하는 것이다.
2) 고객을 구체적으로 정할수록 글쓰기가 편해진다.

한겨레 문화센터의 '논리적 글쓰기' 과정에 등록했을 때, 첫 수업 내용은 '내 글을 읽을 고객이 누군지 명확히 정하는 것'이었다. 강사는 읽기 쉬운 글, 주제가 뚜렷한 글, 공감을 끌어내는 글은 모두 독자를 구체적으로 정의 내린 후 쓴 글이라고 했다.

전자제품 설명서를 보면 그 두께에 비해 내게 필요한 내용은 매우 적다. 고작해야 내게 필요한 기능 설명은 3~4줄에 불과한데 12개국 언어로 같은 내용을 담다 보니 분량만 많아졌다. 거기다 기기를 켜는 단순한 방법부터 기능 오류에 대처하는 복잡한 방법까지 모두 담으니 작은 책 한 권 두께가 되었다. 사정이 이러니 설명서를 제대로 읽는 사람은 거의 없다.

독자가 명확하지 않은 글은 전자제품 설명서가 되고 만다. 내가 알고 싶은 정보는 찾기 힘들고, 내용만 너무 많아 읽을 엄두도 내지 않는다. 간혹 누가 봐도 상관없는 보고서를 만들겠다며 정보를 많이 담으려는 사람이 있다. 이런 보고서는 결국 모두에게 외면당한다.

보고서를 어떻게 써야 할지 감이 잘 잡히지 않는 때일수록 고객을 명확히 하면 일이 쉬워진다. 보고서의 큰 틀을 짜보는 단계에서 막혔다는 말은 주제나 강조점, 우리 입장 등을 정리하지 못했다는 뜻이다. 한마디로 산에 오를 때 어떤 길을 택해야 할지 결정하지 못한 셈이다. 이 보고서를 읽을 타깃을 정의하고 그의 모습을 떠올리면 여러 가지 고민이 풀리기도 한다.

고객을 명확히 정의하면 기획안이 명쾌해진다

> 1) 고객에 맞춘 보고는 마음을 움직인다.
> 2) 최종 소비자를 물어보고, 그의 관심사를 알아내도록 한다.

만일 보고서 타깃이 최상위 경영진이라면 구체적인 업무 진척 사항보다는 회사의 경영 전략과 어떻게 일치하는지, 이 일의 전략 방향은 어떤지에 초점을 맞추어야 한다. 만일 재무팀에 예산을 받으려고 쓰는 보고서라면 비용 대비 예상 투자 성과를 강조한다. 단순히 팀장에게 보고하는 거라면 구체적인 비용, 기간, 담당자와 문제 발생 가능성을 언급한다.

보고서를 작성할 때 최종 고객을 잘 모르겠으면 물어보면 된다. 늘 작성하던 보고서도 때에 따라서는 더 상위 의사결정자에게 올라간다. 보고서 작성을 지시하는 팀장의 태도가 평소와 다른 것 같으면 먼저 물어보자.

"이번 기획안은 팀장님이 보시려는 건가요? 아니면 부사장님께 보고하실 건가요? 혹시 유관부서에도 제출해야 합니까?"

글의 고객이 정해지면 이번에는 그의 관심사를 알아내기 위해 노력하자. 최근에 칭찬받은 다른 사람의 보고서, 리더가 했던 말 등에서 힌트를 얻을 수 있다. 그리고 고객의 관점에서 궁금해할 질문을 하나 정해본다. 이렇게 시작하면 틀림없이 고객의 마음을 움직이는 보고서가 탄생한다.

07 | 팩트 위주로 보고하는 센스

"우리가 작성하는 보고서, 기획서도 결국은 글이에요. 글에는 글쓴이의 입장이 들어갈 수밖에 없어요. 아무리 객관적으로 쓰려고 노력해도 반드시 주관적 의견이 담기기 마련이죠."

주연 대리는 보고서가 너무 주관적이라는 팀장의 말에 반발하며 이렇게 말했다. 과연 그의 말대로 글이란 객관적일 수 없는 것일까?

의견은 포함하되 감정은 덜어낸다

1) 지나치게 주관적인 보고서는 전문성이 떨어진다.
2) 사실과 의견을 구분한다.

글쓴이의 의도가 지나치게 드러나는 보고서는 신뢰성이 떨어진다. 우선은 전문성을 잃어 초보가 쓴 보고서처럼 보인다. 전문가는 상황을 자기가 보고 싶은 대로 보기보다는 객관적으로 보고 냉철한 판단력을 발휘하는 사람이다. '실무자가 이런 쪽으로 의사결정을 유도하고 있구나' 이렇게 의도가 뻔히 읽히는 보고서를 신뢰할 사람은 없다.

주관적인 보고서는 노력이 부족해 보이기도 한다. 에세이 같은 일반적인 글에서도 객관성을 잃은 글은 대부분 읽는 사람의 관점에서 검토가 부족한 글이다. 뻔하게 한쪽 의견으로 쏠린 보고서는 수정, 보완 노력이 부족하다는 인상을 준다. 여러 번 점검하고 균형을 바로잡은 글은 한곳으로 치우치지 않는다.

글쓰기에서 첫 번째 원칙은 '사실과 의견을 구분하는 일'이다. 전문성과 객관성을 보여주어야 하는 보고서는 더 엄격하게 사실과 의견을 구분해야 한다.

보고서를 검토할 때는 반드시 균형감을 체크하자. 우선 내가 반대 관점에서 팩트와 견해를 나누려고 노력해보고, 필요하다면 동료에게 크로스 체크를 부탁하면 좋다.

수식어보다는 명확한 지표를 사용한다

> 1) 형용사, 부사 남용하는 표현 줄이기.
> 2) 지표 명확하게 표현하기.

보고서에 형용사, 부사 등 수식어는 최소한으로 사용하는 편이 좋다. 회사에서 작성하는 보고서에 수식어를 남발하는 직장인이 많다. '탁월한', '우수한', '뛰어난', '매력적인', '좋은'….

> "지난달 고객 문의가 대폭 증가하여 매출에 있어 아주 탁월한 결과가 예상됩니다. 하지만 문의가 곧바로 매출로 이어지는 것은 아니므로 신상품 비중을 늘리면 더 좋은 결과가 있을 것 같습니다."

위 문장은 형용사와 부사를 남용하면서 추측으로 마무리하고 있다. 읽는 팀장은 어느 것 하나 확실한 사실이 없다는 생각을 하게 된다. 당연히 이 보고서는 판단의 근거로 사용하지 않는다.

조금이라도 추측이나 예측을 담은 표현이 있다면 최소한으로 줄여야 한다. 보고서를 수정, 검토하는 단계에서 사실이 아닌 추측에 의지하고 있지 않은지 검증해야 한다.

명확한 지표를 제시하는 방법 중에는 숫자로 말하는 기술이 있다. 10퍼센트, 100회, 1000명, 10만 뷰와 같이 숫자로 표현하면 두루뭉술한 서술에 비해 신뢰도가 높아진다. 정보가 부족하다면 시간을 더 투자해서라도 충분한 근거 자료를 찾고 정확한 숫자, 데이터를 제시하자.

회사의 기획서, 보고서, 제안서는 신뢰도가 중요하다. 고객이든 리더든 당신의 문서가 필요한 이유는 정보를 얻고 의사결정을 하기 위해서다. 물론 보고서에는 실무자로서 견해나 제안이 있어야 한다. 제안을 바탕으로 의사결정을 유도하는 것이다.

설득당하는 사람은 다른 사람의 의견대로 판단했다는 사실을 인정하기 힘들어한다. 자기 의지로 결정했다고 믿고 싶어한다. 결정적인 제안 외에는 사실 중심으로 설명하여, 결정하는 사람이 사실을 바탕으로 판단했다고 믿게 하자.

근거, 출처를 활용하여 신빙성을 높이자

1) 데이터와 전문 기관 의견은 출처를 밝힌다.
2) 출처가 명확하면 자료의 신빙성이 높아진다.

보고서를 작성하다 보면 신문 자료나 전문기관의 리포트에서 데이터를 가져오기도 한다. 다른 자료에서 데이터를 인용할 때는 출처를 밝히는 것이 좋다. 자료의 출처, 인용한 원문을 명기한 문서는 믿을 수 있고, 꼼꼼히 체크했다는 인상을 준다. 반대로 근거를 제대로 언급하지 않은 문서는 어디까지 믿어야 할지 의심할 수 있다.

신문 기사도 반드시 사실 여부를 점검하고 출처를 밝힌다. 인터넷 신문사 기사에 나온 데이터는 오류가 많다. 전문기관의 자료도 마찬가지다. 기관별로 예측치가 다르기도 하고, 기관의 입장에 따라 주관적 의견이 담긴 데이터를 사용한다.

전문가 의견이라고 해서 그냥 믿어버리고, 불확실한 예측치를 그대로 인용하는 실수도 자주 일어난다. 다음의 전망 분석은 작성자가 매우 주관적으로 예측한 자료다. 게다가 명확한 근거를 데이터로 제시하지 못하고 막연하게 방향만 언급한다.

> "A기업은 수익성이 전년 대비 15퍼센트 하락했다. 글로벌 인플레이션에 따른 금리 인상의 영향일 것이다. 금리 인상이 중단되는 연말에는 전년 수준의 수익을 회복할 수 있을 것으로 전망한다."

전문가 의견이라 하더라도 정확한 근거가 있는 데이터를 갖추고 합리적으로 분석한 것인지 반드시 살펴봐야 한다. 또한 해당 전문가 의견이 틀릴 가능성을 팀장이 알 수 있도록 소속 기관과 전문가의 프로필 등을 간단히 언급하는 것도 좋은 방법이다.

의견과 사실을 명확히 구분하여 표현하고, 근거와 출처를 명확히 표시하는 것은 보고서에서 디테일을 살리는 마무리 작업이다. 프로가 되기 위해서는 작은 것에서 남다른 모습을 보여줄 필요가 있다. 다른 사람들이 잘 신경 쓰지 않는 출처 표기까지 꼼꼼히 하는 사람이라면 '무슨 일이라도 잘 처리하겠다.'라는 믿음이 간다.

08 요점 정리해서 보고하기

아영 차장은 팀장에게 전년도 영업 주요 현황을 보고하고 있었다. 어차피 뻔한 보고인 듯했는데 팀장의 질문이 점점 많아졌다. 이상하게 질문에 답할수록 상황은 더 복잡해졌다.

"상품별 매출 현황 분석은 어디 있지요?"

"지금 보고 계시는 페이지 왼쪽 아래에 있습니다."

"경쟁사는 비슷한 상품의 판매가 늘었는데, 우리는 왜 그만큼 매출이 늘지 못했죠?"

"경쟁사인 M사가 마케팅에 적지 않은 자금을 쏟아부었습니다. 투자 대비 성과는 우리가 더 낫습니다. 11페이지에 M사 마케팅 비용이 두 배 늘었다는 내용이 있습니다."

"그래도 당장 시장 점유율을 늘리고 매출 규모를 확보하는 편이 낫지 않았을까요?"

"지금 우리 회사의 점유율은 한계 구간이라, 비용을 투자해도 점유율이 늘지 않습니다. 24페이지에 관련 데이터가 표로 정리되어 있는데요."

팀장이 보고서를 보지 않고 자꾸 질문한다

1) 팀장이 질문이 많아진다. 어딜 보아야 할지 모른다는 뜻이다.
2) 요약을 잘하면 질문은 줄어든다.

꽤 오래 보고가 이어졌지만, 팀장은 전혀 이해할 수 없다는 표정이었다. 아영 차장은 진땀을 흘리며 계속 설명했지만 소용없었다.

이런 때는 대부분 보고서에 두 가지 오류가 있다.
첫째, 읽는 사람이 이해할 만큼 스토리 전개가 탄탄하지 못한 것이다. 잘 쓴 보고서는 처음부터 차례대로 읽다 보면 핵심을 이해하게 된다.

둘째, 보고서 자체에는 문제가 없지만 분량이 방대해 팀장이 핵심을 발견하지 못하는 상태. 보고서를 열심히 작성하고도 그동안의 노력을 헛수고로 만든 셈이다. 이런 상황에서는 요약만 잘해도 노력을 인정받을 수 있다. 요약이 잘 되어있다면 중요 이슈에 관한 궁금증이 풀린다. 세부 사항은 차차 이해하면 된다고 생각하게 된다. 그러면 보고가 깔끔해지고 오해 요소가 줄어든다.

어차피 요약할 거라면, 본문은 왜 작성하지?

1) 팀장은 요약으로 전체를 파악하고, 궁금한 부분은 발췌독하려 한다.
2) 요약이 잘 되어있으면 본문 전체를 읽게 된다.
3) 요약 보고는 빠른 결정을 부른다.

팀원들은 요약이 왜 필요한지 모르겠다고 말한다. 요약 보고서를 작성하면 불필요한 일을 두 번 하는 것처럼 느끼기 때문이다. 어차피 요약할 거면 본문은 왜 작성해야 하나? 그냥 요약 내용만 보고하면 되는 거 아닌가?

학창 시절, 시험 전에 요점 정리 노트를 찾는 사람이 많았다. 안타깝게도 요점 정리 노트만 본 친구들은 시험에서 좋은 점수를 얻지 못했다. 요점 노트는 전체적인 그림을 이해하는 데는 도움이 되지만 정작 시험에는 세부적인 지식을 묻는 문제가 나온다. 요점을 통해 전체를 파악하고 그 안에서 세부적인 부분을 좀 더 깊게 이해해야 좋은 성적을 받을 수 있다.

팀장은 큰 흐름을 이해한 후 세부 업무 내용을 파악하길 원한다. 시간이 없고 바쁘니 요약해서 보고하는 것을 좋아한다. 궁금한 점은 나중에 본문을 자세히 살펴보면 된다. 마음이 급한 사람은 책을 읽을 때 첫 페이지부터 꼼꼼히 읽지 않는다. 목차를 확인하고 필요한 페이지를 '발췌독'한다. 보고서 읽는 팀장의 자세는 발췌독하는 독자와 비슷하다.

그렇다면 팀장이 궁금해하지 않는 내용은 쓸모없는 것일까? 그걸 조사하고 정리하기 위해 들인 내 시간과 노력은 모두 수포가 될까? 아니다. 요약이 잘 되어있으면 결국 본문 전체를 읽게 된다. 요약 페이지 안에 정보들이 유기적으로 엮여서 모두가 상황 파악에 도움이 되기 때문이다. 경험상 요약이 잘 된 보고서일수록 팀장이 전체 본문을 다 읽을 가능성이 컸다. 오히려 요약 없는 장황한 보고서는 아예 부분조차 읽지 않는다.

요약이 있으면, 보통 요약 내용만으로 보고가 끝난다. 50~60페이지 분량의 보고서를 보고하는 데 30분이 안 걸리는 이유다. 보고하는 사람도 부담을 덜고, 보고받는 팀장의 이해도도 높아진다.

"핵심 내용은 잘 알겠어요. 나머지는 보고서를 찬찬히 읽어보도록 하죠." 이런 대답을 들어야 요약이 잘 된 보고서를 쓴 것이다.

요약 잘하는 요령

1) 페이지별 주요 내용을 한 줄로 적고 한곳에 모아본다.
2) 중요도가 떨어지는 항목은 솎아낸다. 두괄식으로 재배열한다.
3) 꼭 보아야 하는 데이터가 있으면 괄호 또는 주석으로 표기한다.

사실 본문보다 요약이 더 어렵다. 그동안 어렵게 모은 자료와 데이터가 다 자식 같은 마음이 든다. 그중에서 무엇을 버리고 무엇을 택한다는 건 참 어려운 일이다. 이것도 필요하고 저것도 중요해 보여서 다 담다 보면, 나중에는 요약과 본문이 비슷한 분량이 되고 만다.

요약하는 기본적인 방법을 살펴보자. 보고서의 각 페이지나 단락의 핵심 문장을 모은다. 이렇게 핵심 문장만 나열해도 전체 내용을 얼추 알 수 있다. 이중에서 중요도가 낮은 문장은 솎아낸다.

솎아내기가 끝나면 문장을 두괄식으로 재배열한다. 요약 부분 안에서도 핵심 내용은 위로 배치해서 먼저 읽도록 하자. 여기에 꼭 필요한 자료나 데이터가 있으면 이를 표시한다. 자료, 데이터 전체를 넣기보다는 몇 페이지에 수록되어 있는지만 언급하면 된다.

평소 문장을 길게 쓰는 편이라면 요약 부분만이라도 최대한 짧게 끊는다. 요약 페이지는 어디까지나 핵심을 한눈에 보여주는 게 목적이다. 간결해 보여야 읽고 싶은 생각이 든다. 이렇게만 정리해도 어느 정도 수준에 오른 요약 보고서를 만들 수 있다.

09 제목만 읽어도 내용이 보이는 메일 쓰기

경영관리팀의 성훈 주임은 각 부서에서 자료를 취합하는 일을 맡았다. 메일로 작성해야 할 양식을 보내곤 하는데 아예 메일을 읽지도 않는 팀장들 때문에 고민이다.

"아니, 업무를 위해 메일을 보냈으면 당연히 확인하고 회신해야 하는 것 아닌가요? 제때 메일을 읽지 않는 사람이 3분의 1 정도 되고요, 메일을 읽더라도 마감 내에 회신해주는 비율이 3분의 1 정도예요. 결국 처음부터 알아서 일을 처리해주는 팀은 겨우 3분의 1 정도이니 우리 회사 상황 참 심각합니다."

메일을 보내고 하염없이 답신을 기다린다고?

1) 친구에게 쓰듯 메일을 써 놓고 답을 기다린다.
2) 메일 작성 방법에서 회신율 차이가 생긴다.

하루에도 수백 개의 이메일이 쏟아진다. 임원이나 팀장은 업무 요청이나 보고 메일이 수십, 수백 통 쌓인다. 그중에는 광고성 메일, 단순한 참조 메일, 홍보성 정기 뉴스레터처럼 주의를 끌지 못하는 메일이 다수다. 이중에서 당신의 메일을 꼼꼼히 읽고 내용에 적힌 대로 일을 처리해준다는 건 기적에 가깝다. 메일을 읽고 회신해주는 경우가 3분의 1정도만 돼도 꽤 높은 회신율이다.

회사 메일은 작성 방법에 따라 회신율이 달라진다. 어떻게 하면 받는 사람이 메일을 읽을지 고민해야 한다. 그래야만 당신이 전달하고자 하는 메시지를 전달하고, 원하는 업무를 진행할 수 있다.

나쁜 메일 제목 사례

1) 매번 비슷한 제목을 쓴다.
2) 격식 차리느라 핵심을 담지 못한다.
3) 문장을 장황하게 쓰거나 상투적인 말을 사용한다.

생각 없이 관례대로 쓰는 제목은 아무런 감흥을 주지 못한다.

– [필독] OOO 회의 안내, XXXX 처리 안건, ZZZZZ 자료 요청

메일은 제목이 중요하다. 우리는 흔히 선배에게 인계받은 그대로, 평소 본인의 습관대로 메일을 작성한다. 메일 쓰기에는 관성이 강하게 작용한다. 받는 사람도 이런 관성에 익숙해져 있다. 그리고 사람들은 평범한 제목의 메일은 잘 읽지 않는다. 시선을 사로잡는 제목과 디테일에서 차별점이 있어야 메일을 열어 본다.

다음으로 잦은 실수는 지나치게 격식을 차리는 것이다. 메일을 공문

이라고 부르지는 않는다. 하지만 업무 관련 연락이라면 어느 정도 공식 문서에 해당한다. 주로 나보다 상급자가 수신이나 참조로 들어간다. 하지만 상사를 의식하고 작성하기 시작하면 과하게 격식 차리는 메일이 된다.

격식에 너무 신경 쓰면 핵심을 찾기 어려워진다. 왜 이 일을 진행해야 하고, 메일을 쓰는 배경을 친절하게 설명하려고 애쓴다. 상대를 존중하려는 의도지만, 받는 사람은 몇 줄 읽다가 닫아버릴 수 있다. 메일에는 필요한 핵심만 담아 간략히 언급하자. 이것이 메일 읽는 상대를 배려하는 방법이다.

문장을 장황하게 쓰는 사람도 있다. 모바일 기기와 SNS의 발달로 사람들의 글쓰기 습관이 변했다. SNS에서는 완전하지 않은 단문을 주로 쓰다 보니 장문 쓰기에 익숙하지 않다. 문장 곳곳에 군더더기가 붙어있다. 5~6줄씩 긴 문장이 계속되고, 핵심 메시지가 보이지 않는다. 핵심만 언급하는 훈련이 안 된 것이다.

시선을 끄는 메일 쓰기

1) 좋은 메일에는 수신자 노력 최소화 법칙이 있다.
2) 내용을 알 수 있게 제목을 쓴다. 수신자가 취해야 할 행동을 제안한다.
3) 메일 내용은 두괄식으로, 형식은 서술형보다 목록형으로 작성한다.

우리 모두 비슷한 경험이 있다. 인터넷에서 제목을 본 후 궁금해서 눌렀는데, 다시 여러 번 눌러야 하는 과정이 반복되면 도중에 그만두고 나와버린다. 제목에 대한 궁금증은 어느새 짜증으로 바뀌고 비슷한 사이트는 다시 들어가지 않게 된다. 이메일도 마찬가지다. 최대한 적게 클릭하고 되도록 빨리 읽게 해야 한다. 수신자의 노고를 최소화하는 것이 메일 잘 쓰는 요령이다.

상당수 메일은 제목만 보고 본문은 열어보지 않는다. 그렇다면 제목으로 내용을 짐작하게 만들어야 한다. 가장 좋은 메일은 본문을 전혀 읽지 않고 제목만으로 모든 메시지가 전달되는 것임을 잊지 말자.

사내 메일이라면 말머리에 메일 목적을 넣는다. [공지], [업무 요청], [긴급 알림], [회신 필수]와 같은 말머리를 사용한다. 사외 메일에는 말머리에 회사명을 쓴다. 수신자는 대개 어느 회사에서 메일을 보냈는지 먼저 보고, 내용을 읽을지 말지 판단한다. '[삼정 디자인] 3/23까지 디자인 시안 선택 요청합니다.'와 같은 식이다. 수신자가 취해야 할 행동이 제목에 구체적으로 드러나야 한다.

본문은 꼭 자기소개로 시작한다. 설사 사내 메일이고 서로 잘 안다 해도 짧게라도 나를 소개한다. 이것이 최소한의 메일 쓰기 예절이다. 마치 편지가 인사말, 본문, 맺음말로 일정한 형식이 있듯, 정형화된 형식을 지켜야 제대로 된 메일로 보인다.

이메일 본문은 두괄식이 좋다. 보고서든 메일이든 공문이든 회사의 모든 문서는 두괄식이 원칙이다. 상대방이 취해야 할 행동, 메일 보낸 사람이 필요로 하는 것 등을 반드시 맨 먼저 언급한다.

다음으로 주요 사항은 서술형이 아닌 목록형으로 적는다. 명심하자, 메일 읽은 사람은 훑어보기만 하고 5초 안에 메일을 닫는다. 따라서 보는 순간 바로 주요 내용이 눈에 들어오지 않으면 실패다.

제목 : [회신 필수] 4/10까지 디자인 시안 선택 요청합니다.

안녕하십니까? 마케팅팀 사내 디자이너 강진연 과장입니다.

4/10까지 디자인 시안 중 하나를 선택하시어 메일로 결과를 회신하여 주시기를 바랍니다.

기한 내 회신이 되지 않으면 마케팅팀에서 1안으로 선택할 예정입니다.

– 기한 : 4/10(수) 16:00까지
– 요청사항 : 시안 1~3번 중 1개 안 선택 후 메일 회신
– 시안 요약
  (1안) 상품 리플릿 기본형 – 회사 고유 컬러와 사내 모델 활용
  (2안) 확장형 – 새로운 컬러와 과감한 이미지 사용
  (3안) 일러스트 형 – 사진 이미지 대신 일러스트로 따듯한 분위기 연출
– <u>저희 팀에서는 (1안)을 추천합니다.</u> 기존 리플릿과 연속성이 있어 같은 회사의 상품이라는 점을 쉽게 알 수 있습니다.
– 문의 : 강진연 과장 (02-887-877*)

어느새 봄인가 보네요. 가끔은 봄 날씨를 즐기시길 바랍니다. 고맙습니다.

[첨부] 상품 리플릿 시안 1~3번

메일 본문에서 첨부 파일이 어떤 내용인지 알 수 있도록 요약해준다. 그래야 수신자가 첨부 파일을 확인할지 말지 더 쉽게 판단할 수 있다. 대안별 주요 특징을 요약해주면 더욱 좋다. 내부적으로는 어떤 대안을 추천하는지도 언급하면 최고의 메일이 될 수 있다.

만일 수신자가 취해야 할 행동이 여러 가지라면 'To Do List' 형태로 제공하는 것도 하나의 방법이다. 여러 안건을 중요도 순으로 번호 매기고 피드백을 요청한다. 수신자가 이 순서로 행동하면 된다는 친절한 가이드를 제시하는 방법이다.

'이렇게까지 메일을 신경 써서 작성해야 해? 난 관둘래.'

이렇게 생각하는 사람이 있을지 모르겠다. 위 원칙은 단순히 메일뿐 아니라, 대부분의 SNS 마케팅에 통용된다. 좋은 메일을 작성하기 위해 연습하다 보면 마케팅 역량도 커진다. 시도해보길 권한다.

10 정확한 문장으로 신뢰 얻기

"어라, 숫자가 이상하네? 지난해 매출 지표가 억 원 단위가 아니라 십억 원 단위 아닌가요?"

임원 회의에서 한창 PT(프레젠테이션)를 진행하던 때였다. 마케팅 담당 상무님의 지적에 임원 회의실이 술렁거렸다. PT 흐름이 깨진 것은 그때부터였다. 이후로는 누구도 발표자의 말에 주목하지 못했다.

잘못된 맞춤법, 오타가 무서운 이유

1) 오타 때문에 청중이 PT에 주목하지 못한다.
2) 잘못된 문장이 있으면 신뢰도가 하락한다.

오타나 맞춤법 오류가 무서운 이유는 PT 분위기에 찬물을 끼얹을 수 있기 때문이다. 사람에게는 누군가의 허점을 찾는 성향이 있는 것일까? 허점이 눈에 띄는 순간 거기에만 집중하느라 더 중요한 다른 곳으로 눈길이 옮겨가지 않는다. 실수는 아주 작을 뿐이고, 큰 흐름에는 상관없다고 변명해도 오타 때문에 PT를 망치는 경우가 꽤 많다.

주니어 팀원들은 꼰대들이 왜 그렇게 오타에 집착하는지 억울해한다. 나 역시 그 시절 보고할 때면 제일 먼저 오타부터 찾는 상사들 때문에 골치 아팠다. '내용이 중요하지, 형식이 중요한가?' 이렇게 생각하며 상사를 원망한 적도 많았다.
어떤 상품이나 서비스도 흠결이 있으면 브랜드 신뢰도가 하락한다.

명품 가방을 샀는데 잘 보이지 않는 안감에 바느질이 허술한 것을 발견했다고 가정해보자. 잘 보이지 않는 부분이고 기능에 크게 문제가 없다고 생각할까? 일반 가방이라면 대수롭지 않게 여길 것이다. 하지만 명품은 그렇지 않다. 보이지 않는 곳까지 완벽하기에 명품이다. 마찬가지로 내용은 물론 형식까지 완벽한 보고서, 기획서를 작성하면 그게 명품이 된다.

오타의 패턴

1) 오타의 개인화 – 패턴을 밝힌다.
2) 심리적으로 위축되었을 때 오류가 발생한다.
3) 작성자에게는 쉽게 눈에 띄지 않는다.

오타를 자주 내는 사람에게는 일정한 실수 패턴이 있다. 그런 패턴을 알면 미리 대비할 수 있다. 그런데 대부분 실수는 반복하지 않는다며 패턴 찾기를 꺼린다. 자신의 실수를 인정하면 '능력이 부족하다', '열정이 부족하다'라는 평가로 이어질까 봐 두려워한다.

내가 관찰한 패턴은 대개 이런 식이다. 유독 숫자를 자주 틀리는 사람이 있다. 숫자를 다룰 때는 단위와 소수점 위치가 중요하다. 증가, 감소와 같은 변화량은 세밀한 검토가 필요하다. 매출이 100억 원에서 115억 원으로 늘었으면, 115퍼센트 증가한 것이 아니라 15퍼센트 늘어난 것이다.

맞춤법이 틀릴 때도 비슷한 실수를 반복할 확률이 높다. 맞춤법 오류는 평소의 말하기, 글쓰기 습관과 연결된다. 오랫동안 굳어진 습관이므로 의식적으로 쓰지 않으려 해도 자꾸 반복한다.

오류는 심리적으로 위축되었을 때 주로 발생한다. '시간이 촉박해서 다급하게 보고서를 작성했다. 며칠 동안 야근하면서 기획서를 썼다. 유독 다른 보고서에 비해 많이 지적받고 여러 차례 수정했다.' 이런 때는 분명히 오류가 드러난다. 다른 때에 비해 문서를 더 꼼꼼히 살펴야 한다.

문서의 오류는 대개 작성자 눈에는 보이지 않는다. 한 대학 연구팀이 일부러 단어를 뒤섞어 틀린 문장을 만들고 사람들에게 보여주었다. 실험에 참여한 사람들은 조금 이상하다고는 생각했지만, 오류를 지적하지 못했다. 우리 뇌는 익숙한 문장은 주의를 기울이지 않고 대강 해석해버린다.

신뢰할 수 있는 보고서를 작성하자

1) 크로스 체크, 오타 유형 기록, 슬라이드 쇼로 보기.
2) 숫자를 먼저 점검한다.
3) 글자는 줄이고 도식을 늘린다.

오류 없는 문서를 작성하고 싶으면 정확도 높이는 프로세스를 만들어야 한다. 자신의 오류 유형을 기록하고 분석하는 것이 먼저다. 오류는 사람마다 특정한 패턴을 띤다. 내 오류는 어떤 경우에 나오는지 패턴을 알아내자. 그리고 거기에 대비할 체크리스트를 만들고 점검하자.

반드시 다른 사람과 크로스 체크해야 한다. 오타는 작성자 본인에게는 잘 보이지 않으므로 동료의 힘을 빌려야 한다. 서로 문서 점검해주는 역할 맡을 동료나 선배를 지정해놓으면 큰 도움이 된다.

파워포인트 문서는 슬라이드 쇼 보기를 통해 오류를 점검하자. 문장,

도형, 그림이 섞인 PPT(파워포인트)는 오류가 잘 발견되지 않는다. 애니메이션 효과가 오류를 발견하기 어렵게 만들기도 한다. 따라서 슬라이드 쇼 보기 화면에서 처음부터 순서대로 점검하는 프로세스가 있어야 한다.

문자보다는 숫자를 먼저 챙겨보자. 문자는 문서 작성 프로그램에서 맞춤법 수정 기능을 활용할 수 있지만, 숫자는 자동 점검할 수 없다. 숫자가 틀리면 의미가 아예 달라지거나 문자 오류보다 더 심각한 문제가 발생한다. 게다가 문자보다 숫자를 틀리는 경우가 훨씬 많다. 그러니 숫자 먼저 챙겨보자.

오류가 발생할 가능성 자체를 줄이기 위해 문자를 줄이고 도식을 늘리기도 한다. 최근에는 읽는 보고서보다 보는 보고서를 선호한다. 한눈에 직관적으로 파악하려면 도식, 그래프 중심의 보고서가 편하다.

11 읽는 보고서 말고, 보는 보고서 만들기

"이게 보고서야, 논설문이야? 바쁜데 한 줄 한 줄 읽으려니 눈에 잘 안 들어오네요."

회사에서 처음 보고서라는 걸 썼을 때였다. 며칠 공들여 보고서를 썼지만, 팀장은 아예 읽지도 않았다. 그때까지는 나는 보고서란 내용이 중요하지, 형식은 중요하지 않다고 생각했다. 이제는 생각이 많이 바뀌었다.

'내용 못지않게 형식도 중요하다. 사람의 마음은 형식에 움직인다.'

한눈에 전달하는 보고서

> 1) 언제나 한눈에 들어오는 보고서가 이긴다.
> 2) 시각화 : 도식화, 구조화, 이미지(그래프, 도형, 그림) 활용.
> 3) 문장의 이미지화 : 비유와 대비, 숫자의 활용, 하나의 키워드.

보고서는 한눈에 읽히느냐 아니냐로 승부가 난다. 보고받는 리더들은 늘 시간에 쫓기고 집중력이 약하다. 차분히 생각할 시간은 적은데 정보 과잉에 시달린다. 한참을 해석하기 위해 애써야 하는 보고서는 이미 주의력 싸움에서 진 셈이다. 잘 읽히는 보고서도 통하지 않는다. 잘 보이는 보고서가 최고다.

도표, 그래프, 이미지 등을 사용해 시각적으로 이해하기 쉬운 보고서를 쓰자. 물론 글로만 작성하는 것에 비해, 시각화된 보고서는 꽤 품이 들어간다. 정보를 재분류하여 구조화, 도식화해야 하고 데이터는 그래프로 변환하는 수고를 거쳐야 한다. 하지만 그 효과는 매우 명확하다. 이미 소셜 미디어 세계에서도 글보다는 이미지나 쇼츠 동영상을 보여주는 플랫폼이 승리한 것만 봐도 그렇다.

보고서를 시각화하는 방법에는 업무 프로세스나 정보 간의 관계를 도형 연결로 보여주는 도식화 방법을 쓴다. 자료의 전후 관계나 상하 카테고리를 분류하여 구조화해서 보여주면 한눈에 파악하기 좋다.

데이터는 그래프, 도형, 그림의 형태로 변환하여 보여준다. 최근에는 복잡한 정보를 그래픽으로 축약한 그림인 인포그래픽도 자주 사용한다. 아마 이러한 시각화 방법은 대부분 이미 사용하고 있을 것이다.

문제는 시각화하기 어려운 정보를 어떻게 보여주느냐 하는 것이다. 문장 형태로 구성할 수밖에 없는 보고서라 하더라도 간접적으로 이미지화할 수 있다. 오랫동안 활용되어 온 비유와 은유, 직유 등의 방법을 쓸 수도 있고, 한두 개 대표적인 숫자로 전체 보고 내용을 요약하는 방법도 있다. 키워드 하나로 전체 주제가 선명하게 보이도록 만드는 방법도 쓸 수 있다.

시각화 활용해서 보고하는 방법

1) 도식화 : 핵심 내용 간의 관계를 살펴서 적절한 도식으로 표시한다.
2) 구조화 : 정보의 선후, 상하, 대소 여부를 파악하고 정리하여 보여준다.
3) 이미지 활용 : 그래프, 도형, 그림, 인포그래픽을 활용한다.

영화를 보면 경찰이 조직 폭력단의 계보도를 화이트보드에 붙여놓고 그 핵심 인물을 잡으려고 회의하는 모습이 나온다. 이렇게 정보의 관계를 간단한 도식으로 표현하는 방식을 도식화라고 한다. 도식화가 잘 되어있으면 보고서 전체 정보가 한눈에 들어온다.

도식화는 1) 말하고자 하는 핵심 정보를 고른다. 2) 정보 간의 관계를 파악한다. 3) 그 관계를 간단한 도식으로 표현한다. 이렇게 단순한 과정이다. 단, 정보의 성질이 한눈에 보이므로 도식화를 잘못하면 누구나 쉽게 잘못된 부분을 찾아낼 수 있다. 연습과 훈련을 해야 한다.

구조화는 덩어리로 묶는 과정이다. 정보, 자료를 하나의 기준으로 묶으면 된다. 예를 들어 직장인이 좋아하는 점심 메뉴를 살펴보면 김치찌개, 제육볶음, 짜장면, 라면, 햄버거 등이 떠오른다. 이런 음식을 한식, 중식, 분식 등으로 분류하면 구조화가 진행된다.

자료가 나열되어 있을 때는 그 의미를 알기 어렵다. 특징을 기준으로 비슷한 부류끼리 정보를 묶으면 전체 모습을 파악하기 쉽고, 의미를 읽을 수 있다. PPT 보고서를 만드는데, 문장 형식으로 서술하면 전체 문장을 다 읽어야 한다. 이럴 때 구조화를 통해 텍스트 양을 줄이면 한눈에 주요 내용을 파악할 수 있다.

PPT는 최근 보고서 작성의 핵심이다. 아무리 전달하고자 하는 아이디어가 뛰어나고 내용이 좋아도 표현 방식이 이해를 가로막는다. 따라서 그림, 인포그래픽을 영리하게 활용하여 내가 말하고자 하는 바를 명료하게 표현할 수 있도록 연습하자.

이미지가 없어도 보이는 것처럼

1) 비유를 활용하여 보여주는 문장을 쓴다.
2) 숫자를 활용하여 선명한 보고서를 만든다.
3) 하나의 키워드를 각인시킨다.

"조폐공사는 1년간 손상되어 폐기된 화폐가 4억 1268장으로 이것을 쌓으면 롯데월드타워 높이의 233배라고 밝혔다."

비유를 사용하면 직관적으로 이해하기 쉽다. 한 해에 폐기되는 화폐양이 4억 장이라고 하면 어느 정도인지 짐작하기 어렵다. 하지만 비슷한 이미지에 빗대 판단하게 하면 정보의 가치가 달라진다.

이번 프로젝트 예산이 9천만 원이다. 이 프로젝트는 비싼 것일까, 싼 것일까? 대비를 활용하면 된다. 우선, 유사한 다른 프로젝트와 대비해서 표현하는 방법이 있다. 예상 성과와 비교하면 적은 금액으로 높은 성과를 올렸다는 의미를 전달할 수 있다.

> "작년에 비슷한 프로젝트는 1억 3천만 원이었는데 4천만 원이나 절감했습니다. 프로젝트 종료 후 예상 성과는 불필요한 업무 프로세스 단축으로 3억 원의 비용 절감이 예상됩니다."

그리고 숫자로 이미지화한 개념을 떠올리게 하는 방법이 있다. 대표적인 숫자 한두 개를 전면에 내세우면 보고서 전체 의미가 선명해진다. 마케팅 효과, 재무 성과, 경영 지표 등은 숫자를 사용하여 리더의 머릿속에 선명한 이미지를 남기면 좋다.

> "올해 출시된 신상품의 상반기 매출이 9퍼센트 성장했습니다. 이는 업계 평균인 4퍼센트 성장률의 두 배가 넘는 수치입니다."

숫자 대신 키워드 하나를 상대방 뇌리에 깊게 남길 수도 있다. 2020년, 전 미국 영부인 미셸 오바마가 민주당 전당대회 연설자로 나섰다. 그녀는 투표의 중요성에 대해 연설했는데, 연설 내용만큼이나 착용했던 목걸이가 주목받았다. "V-O-T-E투표"라는 영문 이니셜로 장식된 목걸이였다. 연설이 끝나고 한참이 지난 후에도 미셸의 메시지가 어떤 주제였는지 잊은 사람이 없었다.

팀장이 당신에게 원하는

소통, 관계

Communication & Relationship

01 세 가지 핵심 관계에 집중하기

나는 낯을 가리는 편이라 친하지 않은 사람과 새로운 관계를 맺는 일이 큰 스트레스였다. 동료들에게 "되도록 혼자 열심히 하면 되는 분야에서 일하고 싶다."라고 얘기한 적이 있을 정도다.

많은 사람과 관계 맺기보다는 숫자는 적지만 가까운 관계를 만들기 위해 노력했다. 최근 직장인 사이에는 이 모임 저 모임에 나가 사람들을 만나기 위해 안간힘 쓰는 일이 무의미하다는 생각이 확산하고 있다. 낯선 사람들 사이에서 피로감을 느끼면서 애쓰지 않아도 된다고 여기는 분위기다.

핵심에만 집중하는 시대

> 1) 모두와 좋은 관계를 유지하기 위해 노력하는 시대는 지났다.
> 2) 핵심 관계에 집중하자. 당신이 생각하는 핵심 관계는?

회사에서는 되도록 많은 사람과 네트워크를 형성해야 업무에 도움된다는 이야기를 들은 적이 있는가? 물론 다양한 사람과 관계를 쌓으면 업무에서 유리한 점이 많다. 하지만 관계 맺기에는 적지 않은 노력이 필요하므로 적정한 기준을 세울 필요가 있다.

주니어 팀원 때부터 핵심 관계에 집중하여 진지한 대화를 나눌 수 있는 관계를 만들 필요가 있다. 서로의 성장을 위해 지지하고 조언을 아끼지 않고, 함께 학습하는 깊은 관계다. 여기서 말하는 깊은 관계는 얼마나 자주 만나고 연락하느냐와 크게 상관없다. 1년에 한 번 만나도 속내를 얘기할 수 있는 사람이 있는가 하면, 매일 보면서도 마음 줄 수 없는 사람도 있다. 만나는 빈도보다 얼마나 신뢰하느냐가 중요하다. 당신이 의식적으로 핵심 관계를 맺고 유지해야 할 사람은 누구인가?

내가 중요시하는 세 가지 핵심 관계란?

1) 나를 응원하고 지지해줄 사람.
2) 내 직무, 일에서 롤 모델.
3) 필요할 때 협력하는 관계.

첫째, 외롭지 않기 위해, 조직에서 혼자가 되지 않기 위해 나를 항상 응원해줄 사람을 곁에 두자. 나는 이 관계가 제일 중요하다고 믿는다. '이제는 도저히 안 되겠다.', '그만두고 싶다.'라는 마음도 단 한 사람으로 인해 바뀔 수 있다.

담당 임원에게 몇 시간 크게 질책받고 욱하는 심정에 회사를 그만두겠다고 마음먹은 적이 있었다. 사직서를 쓰고 짐 정리를 하기도 했다. 그런데 '선배가 그만두면 나도 따라 그만두겠다.'라고 하는 후배 덕분에 다시 일에 매진할 수 있었다. 물론 후배는 진짜 그만둘 생각은 아니었을 것이다. 그의 믿음을 내가 저버려서는 안 되겠다는 생각으로 계속 근무할 수 있었다.

한 사람이라도 언제든 나를 믿고 지지해줄 사람을 만드는 게 중요하다. 나를 이해해주는 사람이 있다는 사실만으로 안도감이 생긴다. 그런 사람이 있으면 업무에서 추진력이 달라진다.

둘째, 롤 모델이다. 이제는 먼저 가르쳐주겠다고 나서는 선배는 없다고 보아야 한다. 친절하게 가르쳐줄 사람이 없으니 내가 지침으로 삼고 관찰할 사람이 있어야 한다. 일하는 방법부터 일과 커리어를 바라보는 눈까지, 모델에게 배울 수 있는 것은 꽤 많다.

사내에 롤 모델이 없다면 외부 스터디 모임이나 전문가 네트워크 등 사외 모임까지 적극적으로 찾아 나서야 한다. 중요한 프로젝트를 맡게 되어 부담감이 클 때, 상황이 온통 꼬여 도저히 탈출구가 보이지 않을 때가 있다. 이럴 때 '과연 롤 모델인 그 사람은 어떻게 할까?'를 상상해보면 크게 도움이 된다. 물론 책 속 리더가 문제해결한 방법도 참고가 된다. 하지만 실제 생생한 인물, 나와 비슷한 처지인 사람이 문제를 해결해나가는 모습을 보는 것처럼 살아있는 지침이 되지는 못한다.

셋째, 언제든 내 일을 도와줄 협력 관계다. 회사에서는 아주 사소한 일 하나를 하더라도 누군가의 도움을 받아야 한다. 필요한 예산을 확보하는 것부터, 관련 법률을 확인하고 관계 기관에 보낼 서류도 작성해야 한다. 이렇게까지 혼자서 할 수 있는 게 없을까 싶을 정도로 작은 일 하나에도 무수한 사람의 도움이 필요하다.

일은 힘들다. 혼자서 되지 않는다. 이 사람에게 도움을 요청하고, 저 사람을 설득하고 그렇게 사람을 상대하다가 하루가 저문다. 그때 우리를 지탱해주는 것은 몇몇 동료의 적극적인 협력이다. 일 처리에 중요한 정보를 주거나 새로운 시각으로 일을 바라보라고 조언해준다. 정말 어려운 문제에 부딪혔을 때는 무작정 밀어붙이기보다는 협력을 아끼지 않는 동료와 상의해보자. 난감했던 문제가 의외로 쉽게 풀릴 수도 있다.

물론 협력 관계의 동료는 개인적으로 형 동생으로 부를 만큼 친하거나 항상 내 편이라고 볼 수는 없다. 개인적인 친목을 쌓기보다는 프로답게 최선을 다해 돕는 관계를 만드는 것이다. 일하다 보면 자연스럽게 협력 관계가 만들어진다. 이때 다시 함께 일하고 싶은 사람이 되도록 상대를 배려하며 일하자. 그러면 그들이 아군이 되고 협력자가 될 것이다.

먼저 도움을 줄 수 있는 사람이 되자

1) 회사 생활에는 진짜 관계 몇 명만 있으면 충분하다.
2) 관계에 집착하지 말자. 내 성장이 먼저다.

주변에 100명의 사람이 있다면 80명 정도는 나에게 아무 관심이 없다. 10명 정도는 나를 싫어할 수 있다. 오해가 쌓였거나 좋지 않은 선입견이 있을 수도 있다. 업무로 한두 번 다투고는 앙금이 생긴 경우도 있다. 이 90명을 내 편으로 만들기 위해 노력하는 건 무모한 짓이다.

10명 정도만 내 편이 있으면 된다. 그중 몇 명은 언제나 나를 응원하고 힘내라고 말해줄 것이다. 다른 몇 명은 훌륭한 선배, 동료의 모습을 보여주어 내가 일을 배우고 성장하는 데 지침이 되어줄 것이다. 마지막 몇 명은 실무에서 도움을 주는 조언자 역할을 해줄 것이다.

회사에서는 이 정도 관계면 딱 적당하다. 결정적인 순간에 나를 도와주는 키맨 몇 명만 있어도 회사에서 인간관계에 성공한 셈이다.

만일 관계 쌓기를 위해 투자할 시간, 노력, 돈이 있다면 내 성장에 투자하는 편이 더 낫다. 내가 더 유능한 사람이 되는 것이 먼저다. 누군가를 도울 수 있는 능력이 있을 때, 비로소 그도 나를 돕는 게 사내 인간관계의 보편적인 룰이다.

02 동료와 스몰 토크로 관계 넓히기

MIT 대학교의 알렉슨 펜틀런드 교수가 '조직 내 아이디어 흐름'을 연구한 결과를 보면, 기업의 성과는 직원 상호 간 소통 기회가 얼마나 있는지에 좌우되었다. 직원들이 자주 만나서 이야기하는 팀은 생산성이 높았다. 창의적인 아이디어가 활발히 흘러 성과를 만들어낸 것이다.

이때 소통의 주제가 공적인 이슈인지, 사적인 이슈인지는 크게 문제가 되지 않았다. 그냥 일상적인 이야기라도 활발히 소통하는 편이 도움이 된다는 뜻이다. 한때는 이런 문화를 잡담이라며 시간 낭비로 여겼지만, 이제는 꼭 필요한 '스몰 토크'가 되었다.

창의성은 만남을 통해 전파된다

1) 좋은 아이디어는 복도나 휴게실에 넘쳐흐른다.
2) 생산성은 동료 사이 상호 학습 기회와 비례한다.

이메일이나 메신저는 분명 효율적인 의사소통 수단이다. 신입사원이나 주니어 팀원들은 굳이 얼굴을 마주하기보다 메신저를 통해 소통하고 싶어 한다. 일상적인 정보 공유 수준의 소통은 메신저로도 크게 문제될 게 없다. 그러나 창의적인 사람이라는 말을 듣고 싶다면 동료들과 얼굴을 마주하는 스몰 토크에 적극 참여하면 좋다.

갈수록 사업의 성패는 업무를 효율적으로 하는 것보다 창의적인 아이디어에 의존한다고 느낀다. 이제는 하나의 아이디어가 세상에 없던 완전히 새로운 상품군을 창출한다.

그만큼 새로운 아이디어를 발굴하고 이를 실현하는 일이 중요해졌다. 회사에서도 '창의적 인재'를 가장 선호한다. 그런데 신기하게도 좋은 아이디어는 사무실 책상이나 회의실에서는 잘 나오지 않는다.

복도에서 누군가를 만나 나누는 일상적인 대화에서 뜻하지 않은 멋진 아이디어가 오간다. 휴게실에서 커피 한 잔 마시면서 근황 토크를 하다 보면 아이디어가 번뜩 스친다.

우리 팀은 다양한 교육 프로그램을 개발하는 일을 한다. 카페에서 가벼운 대화를 주고받다가 좋은 프로그램 아이디어를 떠올리곤 했다. 그러면 동료도 '그래, 그거 좋다.' 하며 다른 아이디어를 보탠다. 이렇게 흥분된 상태로 아이디어를 계속 추가하는 과정에서 창의적인 성과가 생긴다.

좋은 업무 아이디어를 얻고, 실력이 좋은 사람이 되려면 동료들과 커피 마시는 자리에 끼는 편이 좋다. 바쁜 시간에 수다 떠는 시간이 아깝다는 생각이 들지도 모른다. 이건 시간 낭비가 아닌, 더 높은 성과를 위한 투자라고 생각해보자. 별 것 아닌 대화 속에서도 빛나는 아이디어를 건져낼 수 있다.

나를 살리는 치료제 - 동료의 공감

> 1) 공감대가 쌓이면 스트레스가 줄어든다.
> 2) 공감은 업무 효율과 생산성을 높인다.

동료와 근황 토크 시간이 필요한 이유는 이뿐만이 아니다. 직장생활을 잘하려면 우선 지금의 일터에서 잘 버틸 수 있어야 한다. 스트레스를 이기면서 버티고 살아남는 데 가장 중요한 요소 중 하나가 바로 '동료의 공감'이다.

뱅크오브아메리카 은행은 콜센터 상담사의 잦은 사직으로 고민하고 있었다. 콜센터 상담사는 격심한 감정 노동에 시달리기에 이직률이 높다. 상담은 단순 업무가 아니어서 새로 채용해서 제대로 고객 응대가 가능할 때까지는 상당한 시간과 비용이 든다.

뱅크오브아메리카 경영진은 고민 끝에 상담 팀이 함께 쉴 수 있는

'팀 휴식 제도'를 채택했다. 제도 도입 이후 생산성이 크게 높아지고, 상담사들의 스트레스가 크게 개선되었다. 상담사들은 서로 고민을 이야기하며 위로받고 다시 일할 힘을 얻고 있었다.

동료보다 친구나 연인과 시간을 보내는 게 낫다고 생각하는 사람도 있다. 하지만 친구나 연인에게 직장 고민 털어놓기는 쉽지 않다. 털어놓는다 하더라도 공감해주기 쉽지 않다. 가까운 사람에게 내 스트레스를 전가하는 것 같아 부담감도 생긴다. 그들은 동료만큼 회사 내 분위기, 상황을 알지 못한다. 일이 벌어진 배경을 구구절절 설명해야 하는데, 그렇게 해도 잘 이해하기 어렵다. 그런데 동료라면?

'공감'은 직장생활 최고의 치료 약이다. 동료와 맥주 한 잔 하며 상사의 뒷담화를 하고, 회사를 욕할 때만큼 짜릿한 순간이 있을까? 이런 스트레스 해소의 시간이 있기에 내일도 버틸 수 있다. 그러니 종종 스몰 토크를 이어가며 저녁에 맥주 한 잔 나눌 만한 동료를 미리 만들어두자.

회사 사람은 회사 사람일 뿐일까?

1) 동료와 가족이 될 필요는 없다.
2) '센 척'은 도움이 되지 않는다.
3) 내 약한 부분을 보여주고 마음을 열면 진정한 대화를 할 수 있다.

"동료와의 관계요? 어차피 그 사람들은 퇴직하면 안 볼 텐데요 뭐."

회사 내 관계는 일을 위한 것이고, 그 이상의 의미는 없다고 말하는 사람이 있다. 틀린 말은 아니다. 동료와 가족이 되라는 말이 아니다. 그렇게 될 수도 없다. 다만 내 편이 되어주는 사람, 내 힘이 되어줄 사람과 일부러 거리를 둘 필요까지 있을까?

혼자여도 아무 상관없다며 센 척하는 태도는 좋지 않다. 이런 사람은 누군가에게 기대면 약해 보이거나 만만하게 보인다고 생각한다.

센 척하는 사람은 다음 이야기를 참고할 필요가 있다. 하버드 경영

대학원 조직 행동론 교수 제프 폴저는 '취약성의 고리 Vulnerability Loop'라는 개념을 제안했다. 누군가 먼저 자신의 약점이나 잘못을 솔직하게 이야기하면 다른 동료도 솔직해진다. 서로 약점을 공유하면서 조직은 더욱 신뢰감이 높아지고 단단해진다.

학교를 졸업하고도 오랫동안 친하게 지내는 학창 시절 친구들은 대부분 공통점이 있다. 고민을 함께 나누고 어려운 시기를 같이 이겨냈다는 점이다. 입시를 앞두고 대학에 갈 수 있을지 고민하고, 취업에 실패하면 어찌 해야 할지 함께 한숨을 내쉬었다. 그렇게 고민과 걱정을 함께 나누며 가까워진 우리는 지금도 끈끈한 친구로 지낸다.

직장 동료와도 이렇게 스스럼없는 관계가 되지 말라는 법은 없다. 센척 그만하고 솔직하게 다가가자. 동료가 일하는 모습을 보고 배우며, 함께 아이디어를 공유하면 놀라운 성과를 낼 수 있다. 버티기 힘든 일이 생겨도 공감해주는 동료 덕분에 힘을 얻는다. 스몰 토크는 동료와 관계 맺는 첫 출발점이 된다. 오늘, 딱 10분만 시간을 내보자.

03 | 유머와 웃음으로 위기 넘기

팀원들이 아무리 열심히 일해도 팀 성과가 개선되지 않는 때가 있다. 업무 실적 회의마다 팀장의 얼굴이 어두워졌다. 앞으로 실적이 더 떨어지면 각오하라는 말이 이어졌다. 모두가 침울해하고 있을 때, 재훈 차장이 농담을 던졌다. 그러고는 자기가 먼저 크게 웃었다.

암울한 회의 분위기에서 다들 벗어나고 싶던 상황이었다. 팀원 모두가 재훈 차장을 따라 웃었다. 누군가 아직 실적 개선 여지가 있다는 의견을 냈다. 결국 모두가 힘을 합쳐 어려운 상황을 헤쳐 나가자며 회의가 마무리되었다. 팀은 재훈 차장 덕분에 새 힘을 얻고 어려운 시기를 무사히 지나왔다.

늘 웃음 짓는 사람

1) 미소만으로 중간 이상의 평판을 얻는다.
2) 재미없는 농담도 안 하는 것보다 낫다.

나중에 재훈 차장이 속마음을 털어놓았다. 팀원이 모두 침울해지면 일할 의욕을 잃어버린다. 의욕이 없어지면 잘 되던 일도 될 리가 없다. 의식적으로 웃다 보면 의욕이 생기고, 성과도 나는 법이다. 그래서 억지로라도 웃으려 노력했다고 한다.

그는 자신의 농담이 별로 재미없다는 사실을 알고 있었다. 팀원들은 그의 농담이 재미있어서가 아니라, 무거운 분위기를 바꾸고 싶어서 따라 웃는다는 것도 알고 있었다. 재훈 차장은 업무 성과가 뛰어난 편은 아니었다. 그런데도 그를 싫어하는 사람은 없어서 항상 중간 이상 평가를 받았다. '실력도 중요하지만, 인성이 더 결정적인 역할을 한다.' 직장 생활에서 이건 누구나 인정하는 진실이다.

'잘 웃는 사람 = 호구'라는 공식은 틀렸다

1) 주니어 팀원이 잘 웃지 않는 이유.
2) 잘 웃는 것과 내실 없는 것은 다르다.

주니어 팀원일수록 웃기를 꺼린다. 그들 사이에서 잘 웃고 대답을 씩씩하게 하는 사람은 아부쟁이나 호구 취급당한다.

적당한 선을 지키며 이득은 챙기고 손해는 줄이는 편이 현명하다고 여긴다. 잘 웃으면 냉혹한 직장에서 이용당하기 십상이라 생각한다. 조금만 방심하면 선배들의 일을 떠안기 일쑤고, 애써 일하고도 성과는 상사에게 빼앗긴다고 생각한다. 인사평가나 승진 시즌이 되면 약은 사람만 인정받는 것처럼 보인다.

드라마에서는 이런 직장 풍경을 흔하게 보여준다. 드라마는 자극적인 사내 정치 이야기를 담을수록 시청자의 이목을 끌 수 있다. 착하기만 해서 착취당하는 캐릭터와 능력은 없으면서 정치만 일삼는 캐릭터를 대립시킨다. 현실의 직장은 드라마와 다르다. 정치만 하는 사람도, 당하기만 하는 사람도 현실에서는 명확히 드러나지 않는다.

잘 웃는다고 허술한 사람이라는 짐작은 틀렸다. 조직에는 웃음을 만들어내는 고단수가 많다. 미소를 통해 좋은 평판을 쌓지만, 맺고 끊음이 명확해 불필요한 부탁은 단호하게 거절한다. 착해 보여서 늘 당하기만 할 것 같지만 결정적인 순간에는 자신에게 유리하게 협상을 이끌어간다. 겉으로는 유해 보이지만 속은 강한 사람이 진짜 고수다.

미소만으로도 좋은 사람이라는 인식이 남는다

1) 시간이 지날수록 휴먼 스킬의 중요성이 커진다.
2) 강점이 없다면 잘 웃는 것만이라도 실천해보자.
3) 누군가의 말에 잘 웃으면 최고의 경청 스킬이 된다.

중간 관리자가 되기 전까지는 맡은 일만 잘하면 인정받는다. 직급이 올라가고 역할 범위가 늘어날수록 담당 직무 외 평가 기준이 늘어난다. 연봉이 오르는데, 조직이 1인 몫만 기대할 리 없다. 다른 사람과의 협업을 끌어내는 능력, 누군가에게 업무를 맡기고 피드백하는 능력이 평가 기준에 추가된다. 나중에는 리더십, 소통, 공감 능력 등 휴먼 스킬을 갖추어야 인정받는다. 이러한 대인 관계 능력에 미소를 추가하면 금상첨화다.

오랫동안 회사에서 인정받는 사람에게는 그만의 강점이 있다. 누구는 관계 관리를 잘하고, 누구는 기획에 능통하다. 리더십이 뛰어난 사람이 있는가 하면 창의적인 아이디어를 쏟아내는 사람이 있다. 그리고 잘 웃는 사람이 있다. 다른 강점을 만들기 어렵다면 웃음 하나만이라도 무기로 삼자.

잘 웃는 사람은 최소한의 성공 합격점을 받아놓은 셈이다. 웃음은 대인 관계를 위한 최고의 도구다. 잘 웃는 이를 싫어하는 사람은 없다.

경청의 중요성은 반복해봐야 입만 아프다. 경청 스킬에는 여러 방법이 있다. 그중에서 사람의 마음을 사로잡는 고도의 경청 기술이 바로 '웃음'과 '미소'다. 남편이 아재 개그를 할 때 아내가 잘 웃어주기만 해도 부부 사이가 좋아진다.

04 전략적으로 대화하는 기술

내가 모신 팀장 중 유난히 성미가 급한 분이 있었다. 그분은 보고를 끝까지 들은 적이 없다. "무슨 말인지 파악이 되지 않는다.", "길고 장황하게 말한다.", "말이 이쪽저쪽으로 왔다 갔다 한다." 번번이 보고는 중단되고 호된 피드백을 들어야 했다. 문제가 뭔지 파악하지 못하던 나는 옆자리 후배에게 조언을 부탁했다.

"팀장님이 성미가 급해서 보고하기가 힘드네. 도대체 왜 저러시는지 모르겠어."

"팀장님이 급한 것도 있지만 선배가 제대로 전달하지 못하는 것 같아요. 제가 봐도 두서가 없다는 느낌이거든요. 보고용 말하기 방법 같은 게 있지 않을까요?"

후배 말에 충격받은 나는 보고 방법과 관련한 책을 읽고, 보고 잘한다는 선배들을 찾아 도움을 요청했다. 결국 보고에서 말하기란 일상적인 말하기와 달리 별도의 요령이 있다는 점을 발견했다.

고수는 말하기 전략이 있다

1) 초보는 일상 대화처럼 말하지만, 고수는 계획을 세워 말한다.
2) 스토리 라인이 있어야 듣는 사람이 쉽게 기억한다.

회사에서의 소통은 개인적인 소통과는 다르다. 우리가 나누는 대화는 크게 세 가지 유형이 있다. 첫째, 정보 전달을 위한 대화다. 정보 전달은 대화의 근본 목적에 해당한다. 둘째, 공감과 설득이다. 우리는 다른 사람의 동의를 얻고 그의 행동을 변화시키기 위해 말을 한다. 마지막으로 관계 형성, 유지 발전을 위한 대화가 있다.

평소 우리는 관계 형성과 유지를 위한 대화를 가장 많이 한다. 서로 관계를 맺고 내 편임을 확인하기 위한 대화에 시간과 노력을 투자한다. 수다는 전형적인 사교형 대화에 해당한다. 정보 전달이나 상대방을 설득하여 행동하도록 만드는 효과는 거의 없다.

회사에서는 정보 전달이나 설득을 위한 대화가 중심이다. 물론 사람이 모인 곳이니 관계를 위한 대화도 필요하다. 하지만 팀장과 팀원 사이에는 정보 전달과 설득을 위한 대화가 중심이 되어야 한다. 그래야 의사결정을 할 수 있고 일이 진행된다.

신입사원이나 주니어 팀원은 평소 개인적인 만남에서처럼 대화한다. 이렇게 대화하면 무엇이 문제일까? 관계를 위한 대화는 서로 공감할 포인트가 있다. 공감할 거리를 위해 서로의 취향과 공통점을 찾기 위해 상당한 시간을 투자해야 한다. 오랫동안 깔깔거리며 수다 떨어도 늘 시간이 부족하다.

조직에서는 시간을 많이 들여 대화하고 있을 수 없다. 조직 내 소통이나 보고에 능숙한 고수는 정해진 틀에서 효율적으로 대화나 보고를 이어나간다. 전략과 계획을 세우고 최소의 노력으로 최대한의 효과를 올리기 위한 대화라고 할 수 있다.

조리 있게 이야기하면서 사람들이 쉽게 이해하도록 하는 사람은 스토리 라인을 잘 활용한다. 조직 내에서 대화와 보고는 상대방을 설득하여 행동하게 만들어야 한다. 따라서 설득의 심리에 기반한 스토리 라인이 있어야 한다.

말하기 계획을 세우는 방법

1) 순서에 따른 말하기 전략.
2) 톱다운과 보텀업 전략.
3) 변증법적 말하기 전략.
4) 보고서에 맞춘 말하기 전략.

전략적인 말하기 방법은 총 네 가지가 있다. 자신이 다루는 보고의 종류나 상사 유형에 맞게 적절한 방법을 선택하여 활용해보자.

1) 순서에 따른 말하기

스토리 라인을 만드는 첫 번째는 일정한 순서로 이야기하는 방법이다. 쉽게는 시간 순서와 공간 순서가 있다. 산업이나 조직 특성상 구성원 모두가 아는 공통 업무 프로세스가 있다면 말하기 순서도 그 순서대로 짠다. 순서에 따른 말하기 방법은 구조가 간단하여 듣는 사람이 이해하기 쉽다. 하지만 보고받는 사람 입장에서는 스토리를 위해 불필요한 정보까지 제시하는 것을 장황하다고 느낄 수 있다. 지나치게 형식을 갖추기보다는 짧고 간결하게 말한다.

첫째, 시간 순서로 말한다. 특히 매출이나 이익과 같이 시간의 흐름이 중요한 보고는 시간 순으로 말하면 좋다. '전전월 – 전월 – 당월', '1분기 – 2분기 – 이번 분기', '재작년 – 작년 – 올해' 등의 스토리 라인을 사용한다. 예측을 포함해야 할 때는 '과거 – 현재 – 미래 예측' 형태로도 만들 수 있다.

둘째, 공간 순서로 이야기하기 방법이다. 북쪽에서 남쪽으로, 동쪽에서 서쪽으로 등으로 말할 수 있다. 우리나라는 수도권이 중심이므로, 수도권에서 시작하여 남쪽으로 내려가는 형태로 전달하면 좋다.

"수도권 본부의 매출은 230억 원이고, 충청 본부의 매출은 140억 원, 호남 본부의 매출은 123억 원입니다…."

셋째, 업무 프로세스를 따른다. 금융상품의 신상품 출시 마케팅 프로세스는 '출시 전 영업사원 교육 – 사전 마케팅 – 상품 출시 – 출시 후 마케팅 – 실적 트레킹' 형태로 진행된다. 이렇게 스토리 라인을 정형화하고 신상품 관련 마케팅 이슈는 이 순서대로 이야기한다.

2) 톱다운(Top down)과 보텀업(Bottom up) 전략

톱다운 방식은 넓은 카테고리에서 좁은 카테고리로 이야기를 풀어가는 방법이다. '경영 환경 변화에 따른 매출 변화', '원유가 변동에 따른 제품 원가 변경' 등의 주제에 적합하다. 세계적인 원자재 시장의 현황을 먼저 제시하고 우리나라 경쟁 산업을 언급한 후, 우리 회사의 매출이나 매출 원가를 다룬다.

보텀업 전략은 좁은 카테고리에서 넓은 카테고리로 이야기를 옮겨가는 방법이다. 우리 제품의 최근 매출 부진, 경쟁사 제품의 매출 현황, 매출 부진을 초래한 원자재 가격의 상승 순서로 대화를 풀어나가는 방법이다.

3) 변증법적 말하기 전략

칸트와 헤겔이 철학적 사고에 활용한 변증법은 옳다고 생각하는 아이디어를 반대 관점에서 살펴보고 마지막에는 통합된 결론을 끌어내는 사고 체계를 말한다. '정正 – 반反 – 합合'의 단계로 논리를 진행해 나간다. '이익 측면 – 손실 측면 – 최종 결과', '찬성 의견 – 반대 의견 – 중립적 결과' 흐름으로 의견을 제시한다.

어떤 사안이 서로 양극단의 모습을 보일 때 두 가지 관점을 모두 검토한 후 최종 의견을 제시하는 데 사용하기 좋다. 말하는 사람을 체계적이고 논리적인 사람으로 보이게 하는 장점이 있다. 다만, 최종 결과를 도출하는 과정에서 논리의 비약이 나타날 수 있다.

4) 보고서에 맞춘 말하기 전략

좋은 보고서는 세 가지 요소를 포함한다. 1) 현상, 2) 원인, 3) 해결 방안, 이렇게 세 가지로 나눠 리더가 상황을 잘 파악하도록 돕는다. 여기에 덧붙여 어떻게 의사결정하면 좋을지에 관해 필요한 정보를 담는다. 이렇게 보고서 전체를 작성하려면 정보 파악부터 원인 분석까지 많은 시간이 필요하다. 보고서를 상세히 작성할 필요가 없는 사안이라면 이 형식으로 간단히 구두 보고만 해도 충분하다.

"7월 인스타그램 마케팅은 성과가 부진합니다. OO의 마케팅 비용을 집행했는데도 불구하고 신상품 매출이 증가율이 OO퍼센트로 예상보다 적습니다. 경쟁사들은 인플루언서와 협업 프로젝트를 했지만, 우리는 회사 공식 계정만으로 마케팅하여 관심을 불러일으키는 데 부족했던 것으로 보입니다. 인플루언서 섭외에는 비용이 들어가므로 SNS에 관심이 많은 직원을 대상으로 콘텐츠 제안 경연대회를 해보면 어떨까요?"

회사 언어도 반복하면 익숙해진다

1) 처음에는 틀에 맞춰 말하기가 어색하다.
2) 일단 말하기 체계가 몸에 익으면 보고의 프로가 되어간다.

주니어 팀원에게 PT나 강의를 하도록 할 때는 미리 대본을 작성하게 한다. 그리고 반복해서 대본을 연습하게 한다. 실제 PT 때도 임기응변보다는 대본대로 발표하도록 조언한다.

오히려 이 방법이 불편하다고 반대하는 사람도 있다. 치밀한 시나리오가 발표를 부자연스럽게 만든다고 주장한다. 차라리 즉흥 발표가 더 편하다고 항변하기도 한다.

"대본을 사용하지 않고, 실제 PT는 그냥 자유롭게 하면 안 되나요? 대본 그대로 하려다 보니 오히려 내용을 기억해내기 위해 발표가 자꾸 끊겨요. 저는 그냥 편안히 이야기하는 편이 더 나아요."

처음에는 대본을 제약처럼 느낄 수 있다. 대본대로만 발표하려고 하면 말투가 부자연스러워진다. 청중의 반응을 무시하고 혼자 독주하기도 한다. 그래서 발표의 프로는 대본을 준비하되, 돌발 상황 대응과 청중과 소통하기 위해 실전에는 대본을 사용하지 않는다. 하지만 이건 어디까지나 프로에 해당하는 이야기다.

태권도에는 '품새'가 있다. 여러 기술을 섞어 만든 종합 기술 모음이다. 태권도 수련생은 품새를 연습하면서 다양한 기술과 기술 활용 방법을 배운다. 개개의 기술만 반복해서 연습하면 자신이 선호하는 기술 외에는 잘 사용하지 않게 된다. 각 기술은 기술 상호 간의 발전을 돕기에 특정 기술에만 매몰되면 전체적인 습득이 더뎌진다.

품새를 익히듯 스토리 라인을 연습해서 말하는 훈련을 계속하면 어느새 말하기 프로가 된다. 반복해서 품새를 연습하면 위기의 순간에 머리로 생각하지 않아도 자동으로 기술이 튀어나온다. 마찬가지로 말하기 스토리 라인을 반복 훈련하면, 돌발 질문에도 체계적으로 대답할 수 있게 되고 소통 능력이 좋아진다.

보고할 때 그럭저럭 말하는 사람이 되고 싶은가, 한 방에 상사를 설득하는 고수가 되고 싶은가? 고수가 되려면 체계적 훈련이 필요하다. 어떤 전문가도 자기 마음대로 훈련하여 그 수준에 이른 사람은 없다.

05 정확하고 당당하게 말하기

"아마 경쟁사의 밀어내기 마케팅이 문제인 것 같아요. 그래서 이번 우리 프로모션은 좀 더 두고 봐야 할 것 같습니다. 성공한다면 영업이익이 5억 원 정도 발생할 것 같습니다. 기다려봐야죠. 지금은 딱히 뭘 할 게 없네요."

팀장은 이런 말투로 보고하는 실무자를 신뢰하지 않는다. 책임을 모면하려는 '유체이탈 화법'이 숨어 있기 때문이다.

'불확실한 게 많은데, 괜히 단정적으로 얘기했다 지적당하기 싫어요.'
'일이 잘못된 게 제 책임은 아닌걸요.'

책임 피하는 말투가 늘고있다

> 1) 회사에서 책임감 있는 화법이 사라지고 있다.
> 2) '대략', '거의', '두고 봐야 합니다.'라는 말이 늘어난다.

리더십 워크숍에 참여한 중간 관리자들이 다들 동의하는 트렌드가 있다. 요즘 주니어 팀원들은 대부분 '책임'이라는 단어를 싫어한다. 책임 있는 일이라면 서로 맡지 않으려 한다. 말투도 마찬가지다. 자기 의견을 이야기하면서도 넌지시 '나에게는 책임이 없다. 이건 일반적인 이야기니까.'라는 뉘앙스를 풍긴다.

'~인 것 같아요.', '두고 봐야죠.', '지금은 제가 뭘 어떻게 할 수가 없어요.' 이런 화법은 보고받는 사람을 불안하게 만든다. 실무자가 확신하고 보고해도 불안해하고 의심하는 사람이 팀장이다. 그런데 확신도 자신감도 없는 언어로 보고하면 팀장은 몇 배 더 점검하고 확인하게 된다. 결국 팀장과 실무자 모두 힘들어진다.

특히 회사에서는 숫자가 중요하다. 조직에는 목표가 있고 그 목표 달성도를 측정하여 성공 여부를 평가한다. 팀이나 개인의 평가도 목표 달성도에 달려있다. 그런데 불명확한 숫자를 보고하면 팀장은 의심할 수밖에 없다.

'대략', '거의', '~정도' 등의 단어를 자주 쓰는 습관이 있다면 고치도록 노력해야 한다. 숫자는 정확하게 말해야 한다. 되도록 소수점 첫 자리까지는 정확하게 이야기하도록 하자. 숫자를 기억하기 어렵다면 주요 수치만 따로 메모하여 참고하며 보고하는 것이 요령이다.

자기 의견과 보고 내용을 믿어라

1) 성공은 당당함에서 나온다.
2) 자신의 보고 내용을 자기가 먼저 믿는다.

업무상 세일즈맨을 많이 만났다. 30년 이상 세일즈 활동을 한 업계 선배는 세일즈맨은 당당한 사람이 성공한다고 했다. 스스로 확신이 없는데 고객이 과연 그를 믿고 상품과 서비스를 구매할 수 있을까? 세일즈맨은 자기가 하는 일, 자신이 판매하는 상품 그리고 그 상품을 판매하는 자신을 자랑스럽게 생각해야 한다.

보고도 마찬가지다. 보고하는 사람이 자신이 보고하는 내용에 당당함이 있어야 상사를 설득한다. 상사와 관계 부서를 설득해야 보고서가 실행된다. 스스로 확신이 없는 보고는 누군가를 설득할 수 없고, 실행도 되지 않는다. 실행되지 않는 보고는 아무 쓸모가 없다.

새로운 복리후생 제도를 만들 때였다. 기수 과장이 먼저 추진 방향을 CEO에게 보고했다. 제도 자체는 훌륭했지만, 직원들의 복지를 위해 추가 자금이 필요했다. 기수 과장은 이 부분이 마음에 걸렸다. 역시나 CEO의 추가 자금 지적이 계속됐고, 기수 과장은 자신 있게 대답하지 못했다. 제도를 재검토하라는 지시가 떨어졌다. 몇 달 뒤, 재홍 차장이 같은 안건을 보고했다. 재홍 차장은 새로운 복리후생 제도에 자기만의 신념이 있었다. 소소한 내용만 수정했지만 전체 골격은 그대로였다. 추가 자금이 필요한 것은 기수 과장과 같았지만, 재홍 차장의 보고는 CEO의 심사를 통과했다.

언제나 당당한 사람이 있다. 그런 당당함은 어디에서 나오는 걸까? 자신 있게 보고하는 당당함은 자기 확신에서 나온다. 자기 확신은 꾸준한 노력을 통해 만들어진다. 다양한 자료를 조사하고, 선배의 보고서를 참고하고, 내 의견이 타당한지 동료를 통해 점검한다. 여러 사람의 의견을 듣고, 과연 성과를 창출할 수 있을지 자체 검증 과정을 거친다. 이런 과정이 반복될 때 자기 확신이 생긴다.

동료의 마음을 사로잡는 말하기

1) 책임을 인정하는 말하기 방법이 더 쿨하다.
2) 문제보다는 대안 중심으로 접근한다.
3) 예상 질문을 만들고 스스로 답해본다.

책임을 인정하지 않는 사람은 동료에게 미움받는다. '제 책임이 아닌데요.'라는 말에는 다른 사람의 실수, 남의 책임이라는 뉘앙스가 있다. 자기가 잘못하고 남 탓하는 사람처럼 기분 상하게 하는 사람이 없다. 묵묵히 자신의 역할을 한 동료에게 날벼락 같은 말이다. 책임을 회피하려는 동료가 한 명이라도 있으면 팀 전체가 변명하기 급급하게 된다.

우선, 책임을 회피하는 말버릇이 없는지 자신을 돌아본다. '~한 것 같습니다.'라는 말은 가치 판단을 흐리게 하는 좋지 않은 말투다. 이 말에는 '확실하게 내 의견을 제시하지 않았으니 나는 잘못 없다.'라는 생각을 담고 있다. 말은 은연중에 우리의 생각과 행동을 지배한다. 부정확한 말투, 불확실한 말투를 자꾸 사용하면 한쪽 발만 담그고 다른 발은 책임 범위 밖에 내놓고자 하는 태도로 이어진다.

어지간한 일은 '제 책임입니다.'라고 인정한다고 해서 강하게 질책하거나 나쁘게 평가하지 않는다. 오히려 솔직하게 책임을 인정하는 편이 동료들에게 인정받는다. 당장은 자존심 상하겠지만 길게 보면 내 편을 만드는 데 투자하는 행동이다.

책임을 인정하는 사람들은 원인에 집착하지 않고 대안에 집중한다. 빨리 책임을 인정하고 대안을 찾으면 된다. 대안에 집중하면 책임 따위는 중요하지 않게 느껴진다. 신속하게 문제를 수습하면 능력 있는 사람으로 인정받는다.

보고할 때 자기 확신이 부족하다면 예상 질문을 준비하는 방법을 권한다. 보고 잘하는 선배를 보면 상사의 질문에 매끄럽게 대답한다. 상사가 어떤 질문을 할지 미리 시뮬레이션해보고 준비했다는 증거다. 예상 질문 뽑기는 어렵지 않다. 상사의 질문은 대부분 큰 틀에서 벗어나지 않는다. 기대 효과, 필요 예산, 문제 발생 가능성, 소요 기간 같은 것들이다.

06 | 공감을 위한 경청 기술

모두가 싫어하는 사람이 있다. 상대의 말을 끝까지 듣지 않고 중간에 끼어들거나 말을 자르는 유형이다.

말을 끊는 이유는 세 가지다.

1) 다 아는 얘기인데 끝까지 듣자니 시간이 아깝다.

2) 상대방 말에 틀린 점이 있다고 생각한다. 따라서 즉시 수정해야 한다.

3) 관심 없는 얘기나 담당 업무 영역 밖 이야기는 듣기 싫다.

어느 쪽이든 배려보다는 필요한 정보를 얻고, 빨리 대화를 끊고 싶다는 마음이 숨어있다. 특히 주니어 팀원일수록 자기주장이 강하고, 대화도 효율적으로 해서 일을 빨리 끝내고 싶어한다. 물론 바쁜 시간에 불필요한 말을 듣느라 시간이 아깝다는 생각은 누구나 한다. 그렇다고 아무 때나 상대 말을 끊는 것은 좋지 않다.

잘 듣는 사람이 말도 잘한다

1) 말 끊는 사람은 누구나 싫어한다. 배려가 부족한 사람이라고 여긴다.
2) 말하기 능력은 듣기에서 비롯된다. 잘 듣는 사람이 말도 잘한다.

물론 일을 빨리 제대로 처리하는 것은 중요하다. 그런데 길게 보면 언제든 협력할 수 있도록 동료와 관계를 쌓는 것 역시 중요하다. 대화의 효율성을 따져야 할 때가 있지만 관계를 위해 끝까지 들어주어야 할 때도 있다.

프로는 상대가 횡설수설해도 거기서 필요한 정보를 파악할 수 있어야 한다. 말 잘하는 사람은 두괄식으로 주제나 결론을 먼저 이야기한다. 그런데 중요한 이야기를 마지막에 하는 습관이 있는 사람이 많다. 말을 끝까지 듣지 않으면 귀중한 정보를 놓치게 된다.

글을 잘 쓰려면 많이 읽어야 한다. 마찬가지로 잘 들어야 말하기도 잘할 수 있다. 자신의 듣기 실력 이상으로 말 잘하는 사람은 드물다. 다른 사람의 말을 끝까지 듣지 않는 사람은 '짧게 효과적으로 이야기 한다'라고 생각하겠지만, 이유와 예시를 제시하면서 상대를 조금씩 설득하는 말하기에 약한 경우가 많다.

듣는 연습이 필요하다

1) 경청은 태도의 문제가 아니라 스킬이므로 평소에 훈련해야 한다.
2) '끝까지 듣기 – 메모 – 질문하기' 단계로 듣기 훈련을 실천한다.

우리는 보통 '경청'은 태도의 문제라고 생각한다. 그래서 생각과 태도만 바꾸면 언제든 경청할 수 있다고 착각한다. 실행하지 않아서 그렇지 제대로 듣는 방법을 모르는 것은 아니라는 생각이다.

그렇지 않다. 경청은 훈련이 필요하다. 사적인 관계 형성과 유지를 위한 대화라면 훈련까지는 필요하지 않다. 서로 공통점을 찾고 유대감을 느끼거나, 공감을 나누기 위한 대화가 대부분이므로 자연스럽게 듣고 반응하면 된다. 그러나 회사에서의 대화는 대부분 목적이 있고, 의사결정을 위해 정보를 주고받는다. 상대의 의도를 해석하고 정확한 정보를 파악하기 위해 대화한다. 이런 대화를 능숙하게 하려면 연습과 훈련이 필요하다.

말하기 훈련이 안 된 사람은 생각나는 대로 얘기한다. 이런 사람의 말은 이야기의 큰 흐름에 집중하면서 전체를 파악하고 그중에서 필요한 정보가 담긴 부분을 구분해내야 한다. 회의처럼 여러 사람이 참여하고, 많은 정보가 오가는 대화라면 더 집중해야 한다. 충분한 실력이 있어야만 전체 줄거리, 각 입장에 선 사람의 주장 차이, 각 안건의 장단점 등을 간파할 수 있다.

그렇다면 듣는 연습은 어떻게 할까? 우선 상대의 말을 끝까지 들어야 한다. 정보 파악보다 관계를 위한 배려가 먼저다. 회의에서 동료의 말, 업무를 지시하는 팀장이나 선배의 말을 끝까지 듣는다.

다음은 메모하면서 듣는다. 대화를 분석하고 정리하여 내가 원하는 내용을 파악하려면 전체 내용을 아우르는 듣기가 필요하다. 메모를 통해 이야기 흐름과 중요 포인트를 잡아내는 연습을 한다.

마지막은 질문하는 연습이다. 메모하면서 궁금한 점이나 확인이 필요한 정보를 기록해둔다. 적절하게 질문하면 말하는 사람은 듣는 사람이 집중해서 들어주고 있다고 느끼므로 이를 활용하면 좋다. 만약 내용이 어렵거나 반박하고 싶은 내용이 있다면 질문을 통해 해결하면 된다.

구조화해서 듣기

> 1) 목적을 고려하면서 듣도록 노력한다.
> 2) 주제, 이유, 예시를 구분하여 듣는다.

구조화해서 들으려면 첫째, 말하는 상대방의 목적을 고려해서 듣는다. 말하는 목적이 설득이라면, 그의 제안을 실행해야 하는 이유가 중요하다. 정보를 전달하는 말은 정확한 정보와 그 정보의 출처를 명확히 파악해야 한다. 팩트와 의견을 구분해서 팩트만 받아들이는 자세도 중요하다. 말하는 목적을 파악하고 어디에 무게를 두고 들을지 결정하면 된다. 듣고 있을 때는 대화의 목적과 목표를 염두에 두고 듣는다.

둘째, 주제, 이유, 예시를 구분하면서 듣는다. 회사에서 오고가는 말을 문서로 정리하면 보고서가 된다. 보고서와 회사의 말은 기본적으로 유사한 구조로 이루어진다. 처음에는 간단한 도입부가 있고 곧이어 주장이나 주제, 주장하는 이유를 든다. 설득을 위해 적절한 예시를 들기도 한다. 마지막으로 주제를 요약하고 반복한다. 이렇게 말하기는 보고서의 전개 방법으로 자주 사용하는 PREP 글쓰기 방법론과 비슷하다.

[도입부 – 주제Point – 이유Reason – 예시Example – 주제 요약Point – 반복]

단, 말은 문서와 달리 그 구조를 한눈에 파악하기 쉽지 않다. 부분부분에 주목하다 보면 어디까지가 이유인지, 어느 부분이 예시인지 헷갈린다. 메모하거나 머릿속으로 개략적인 구조를 그리고 주제, 이유, 예시를 구분하여 듣자. 이렇게 하면 상대의 주장이 명확한 이유에 근거한 것인지 논리적인지 파악하기 좋다.

듣기도 고도의 업무 스킬이다. 잘 들으면 말하는 사람의 의도를 파악하여 적절한 대응 전략을 세울 수 있다. 말하는 사람은 자기 말에 빠져 오락가락하기 쉽지만, 듣는 사람은 깊이 사고하고 대응 전략을 준비할 수 있다. 잘 듣는 사람이 결국 대화를 지배한다.

07 | 마음을 읽는 협상 기술

"협상이란 윈윈Win-Win의 기술입니다. 내가 원하는 걸 얻기 위해서는 상대가 원하는 바를 충족시켜 주어야 합니다."

협상 세미나에서 들은 강연자의 말이다. 기존 상식이 무너지는 느낌을 받았다. 희소한 자원을 서로 쟁취하려고 애쓰는 게 경영이고, 비즈니스라고 생각했다. 과연 양쪽 모두 원하는 것을 얻는 게임이 가능한 걸까?

다양한 관점을 읽으면 일이 편해진다

1) 성과에는 항상 대상자가 있다.
2) 상사의 관점, 동료의 관점, 후배의 관점이 있다.
3) 상대방 처지에서 일하기는 결국 나를 위한 것이다.

회사에 들어오기 전까지 우리는 자기중심으로 생각하는 것에 익숙했다. 학창 시절 토론 수업에서는 내 생각을 다른 사람이 받아들이도록하기 위해 애썼다. 형제나 친구와의 논쟁도 으레 내 주장을 상대가이해하기를 바란다.

회사에서는 '상대방고객은 무엇을 원하고 있나?'를 끊임없이 고민한다. 그리고 그가 원하는 가치를 제공하기 위해 나는 무엇을 해야 할지 고민하는 과정이 이어진다. 결국 내가 원하는 것을 얻으려면 상대방이 원하는 것을 먼저 주어야 한다는 시각을 배우게 된다.

연차가 낮을 때는 지금 당장 내가 해야 할 일이 무엇인지 고민하느라 많은 시간을 보낸다. 하지만 눈앞만 보는 사람은 큰 성과를 올리기 어렵다. 상사의 관점, 동료의 관점 등 나와 얽혀있는 사람들이 '내게 기대하는 바'를 명확히 이해해야 남다른 일 처리를 할 수 있다.

언뜻 생각하면 '나'는 상실되고 오로지 타인만을 위해 헌신하라고 말하는 것처럼 들린다. 하지만 상대방 관점을 고려해서 일하면 연관된 사람들의 만족도가 높아지고 일이 일사천리로 진행된다. 결국은 일을 여유롭게 빨리 끝내게 되므로 나를 위해 일한 과정이기도 하다.

상대 관점을 파악한다는 것의 의미

1) 요구가 아닌 '욕구'를 읽자.
2) 타인을 100퍼센트 이해할 수는 없다.

상대방 관점을 파악하고 일하라는 것은 '요구'가 아닌 '욕구'를 읽으라는 의미다. '요구'는 상대방이 표현할 필요 사항이고, '욕구'는 표현하지 않았지만 내재한 마음속 고민을 말한다.

"부사장님이 다음 달 초에 일본 금융사를 벤치마킹하러 가시겠다고 하네요. 해당 회사에 방문할 수 있는지 알아봐 주세요."

희진 대리는 팀장에게 이런 지시를 받았다. 여기저기 수소문해보니, 다음 달 초에는 해당 국가에 연휴가 있어서 방문 약속이 불가능했다. 희진 대리는 바로 팀장에게 방문 일정이 어렵다고 보고했다. 그러자 팀장은 다시 윤정 과장에게 똑같은 일을 부탁했다. 윤정 과장은 팀장을 통해 부사장에 대한 몇 가지 정보를 추가로 파악했다.

"벤치마킹하러 가시는 목적이 따로 있을까요? 꼭 일본 회사를 보시려는 이유가 무엇인가요?"

팀장에 따르면 부사장은 우리와 고령화 추세가 비슷한 일본의 금융사를 통해 새로운 마케팅 아이디어가 없는지 살펴보고 싶어한다고 했다. 다음 달 중순까지 CEO 보고가 잡혀있기에 그 기간 안에 벤치마킹이 필요한 상황이었다.

여기에서 부사장의 요구는 '다음 달 초 일본 벤치마킹'이었지만 욕구는 '고령화 시대에 맞는 금융 마케팅 아이디어'였다. 윤정 과장은 부사장의 욕구를 파악하고 대안으로 일본 금융사 마케팅 전략을 연구한 대학 교수와 미팅 자리를 마련했다. 추가로 부사장이 궁금해하는 사항은 일본 회사 마케팅 부서에 이메일을 보내 답변받기로 했다.

타인을 100퍼센트 이해하는 것은 불가능하다. 늘 존경하던 선배가 더 높은 직책을 맡은 후 도저히 이해할 수 없는 결정을 내리는 것을 보았다. 평소 그의 생각과 말을 바탕으로 상황을 이해해보려 애썼지만 끝내 이해하지 못했다. 타인의 결정을 무조건 다 수긍할 수도, 그럴 필요도 없다. 내면의 욕구를 알아보려 애쓸 필요는 있지만 거기에도 한계가 있음을 인정하는 것도 중요하다.

원하는 것을 얻는 협상 전략

1) 상대의 이득을 제안한다.
2) 전략적으로 안건을 배치한다.
3) 상대 의견에 공감한 후 내 주장을 펼친다.

이번에는 상대방 관점을 읽은 후 그걸 활용해 우리 쪽에서 원하는 것을 얻는 전략에 대해 살펴보자. 협상은 상대가 지고 내가 이기기 위한 게임이 아니다. 세상에는 뺏고 뺏기는 제로섬 게임도 있지만, 참가자 모두가 이득을 얻는 윈윈 게임도 있다.

협상에서 중요한 것은 각자의 이득이다. 상대방의 욕구를 읽었다 해도 결국은 그걸 이득과 연결할 수 있어야 한다. 내 제안대로 실행하면 상대에게는 어떤 이득이 생기고 어떤 손해가 발생하는지 명확하게 제시한다. 그리고 이 거래로 손해보다 이득이 크다는 점을 상대가 깨달을 때 협상에 전진이 생긴다.

협상에서 내 이득만 취하려고 해서는 안 된다. 몸통을 얻었으면 꼬리는 내주는 전략적 제안이 요구된다. 핵심 사안이 내 뜻대로 결정될 가능성이 크다면 중요도가 낮은 항목은 상대에게 양보해도 괜찮다. 이렇게 전략적으로 안건을 다뤄야 한다.

상대방은 핵심 사안에서 주장을 관철하지 못해 마음이 상한 상태일 것이다. 이때 상대방 입장을 고려해서 비핵심 사항은 양보한다. 사내 협상은 한 번의 거래로 끝나지 않는다. 어차피 계속 얼굴 마주할 사이이므로 좋은 관계를 유지하는 게 중요하다.

만일 끝까지 상대 의견에 반대밖에 할 수 없는 상황이라면 경청하는 자세를 보여주자. '나는 결국 반대할 것이지만 당신 의견을 귀담아들었고 깊이 이해한다. 입장 차가 있어 찬성할 수는 없지만, 인격은 존중하겠다.'는 태도를 보여야 한다.

사람은 자신의 의견과 주장을 관철했는지보다 자신이 존중받았는지를 더 중요하게 생각한다. 이해와 상황에 따라 많이 달라진다. 그럴 땐 상황에 맞게 대응하면 된다. 하지만 상대방에게 배려받지 못했다고 느끼고 마음에 상처를 입었다면 회복하기 쉽지 않다.

08 | 쿨하게 피드백 받아들이기

상현 팀장은 피드백을 거의 하지 않았다. 1년에 한 번, 인사평가 후 피드백 하라는 회사 지시가 있으면 마지못해 면담하는 식이었다. 그마저도 '올해 는 평균 수준의 평가를 줬다. 특별히 면담할 내용은 없다.' 하는 식이었다. 팀원들은 피드백이 있었다고 여기지 않았다.

성호 팀장은 피드백을 좋아했다. 한 달에 한두 번씩 팀원을 따로 불러 피드 백했다. 문제는 내용이었다. 고쳐야 할 단점 중심으로 얘기했는데, 한참 듣 다 보면 '내가 이것밖에 안 되는 사람인가?' 하는 생각이 들었다. 단점만 조 목조목 지적받다 보니, 자신감이 떨어지고 한숨만 나왔다. 성호 팀장의 피 드백을 듣고 나면 모든 팀원이 한동안 일할 의욕을 잃었다.

말도 많고, 탈도 많은 피드백

1) 피드백의 필요성에는 동의하지만, 좋아하는 사람은 없다.
2) 피드백은 힐난하고 비난하는 시간이 아니다.

피드백 자체의 유용성은 누구나 인정한다. 회사 생활을 시작한 지 얼마 되지 않은 주니어 팀원들은 성장을 위해 피드백을 원한다. 하지만 그들이 기대하는 것은 이상적인 피드백에 가깝다. 그런 이상적인 피드백을 해주는 상사는 드물다. 엉망진창인 피드백을 반복해서 경험하다 보면, 차라리 피드백이 없는 게 낫다고 말한다. 실제 업무 현장에서는 왜 제대로 된 피드백이 이루어지지 않을까?

우선은 팀장들이 피드백하는 요령을 잘 모른다. 회사는 피드백을 강조하지만, 구체적인 훈련까지 제공하는 경우는 드물다. 피드백 스킬 향상은 오로지 팀장 개인의 몫인데, 별도로 공부할 여유가 없다.

스킬이 부족하다 보니 팀장 자신이 바라는 것만 피드백하거나, 단점만 나열하는 식이 된다. 결혼 정보 업체에서 이상형 찾는 과정과 비슷하다. 나는 예의 바르고, 늘 기운이 넘치고, 스스로 일을 다 챙기는 팀원이 좋은데, 그걸 충족해주는 팀원은 보이지 않는다.

관찰을 바탕으로 팀원 역량을 개발하라는 피드백 본연의 가치를 제대로 실천하는 팀장은 드물다. 그럼에도 회사에서는 피드백을 계속 강조할 것이다. 제대로 진행한다면 피드백만큼 팀 내 소통과 팀원의 실력 향상에 좋은 도구가 없기 때문이다.

이런 피드백은 아예 잊어버려라

1) 막연한 내용 – 어차피 나에게 아무런 도움이 안 된다.
2) 인신공격 – 내가 통제할 수 없는 것은 마음에 두지 않는다.
3) 불확실한 추측 – 팀장 혼자만의 생각일 가능성이 크다.

피드백이라고 무조건 머리를 조아리고 받아들일 필요는 없다. 도저히 수용할 수 없는 피드백이라면 과감히 잊어버리는 편이 정신 건강에 좋다.

우선, 나쁜 피드백 중 제일 큰 비중을 차지하는 것은 막연한 피드백이다. 구체적인 행동을 관찰하여 나온 것이 아니라 대강의 느낌만 피드백한다. 이런 피드백을 받으면 편협한 시각은 둘째고, 뭘 개선해야 할지 막막하다. 예를 들면, "정윤 과장은 주인 정신이 부족해 보입니다. 이 회사를 내 것으로 생각하면 그렇게 일하겠어요? '내가 회사의 주인이다.' 그렇게 생각하고 일해보세요." 하는 식이다.

둘째, 인신 공격형 피드백인데, 최악이다. 이런 피드백은 듣는 즉시 한 귀로 듣고 흘리면 된다. 외모 비평, 출신 배경 언급이 인신공격 피드백에 자주 등장한다. 어차피 상대방의 잘못된 생각일 뿐이다. 대부분 내가 어찌할 수 없다.

"OO지역 출신이죠? 그쪽 사람들이 성미가 좀 급해. 그러다 보니 일 처리가 대부분 허술하더라고. 정윤 과장도 OO지역 사람이라서 그런가 봐."

셋째, 확인하지 않은 정보를 활용한 불확실한 추측은 금물이다. 사내 소문을 주워듣고 그걸 피드백에 활용하는 팀장이 있다. 사내에 떠도는 '카더라!' 유형의 이야기는 아예 피드백 소재가 될 수 없다. 그러니 팀장의 무지함에 동조하지 말자.

"남자 직원들하고만 친하다면서요? 남자들하고만 밥 먹고 그런다고 하던데…. 우리 팀에 여성이 많은데, 여성 선배 몫을 좀 해주면 좋겠는데 말이죠."

이런 피드백은 명백하게 부당한 피드백이다. 수위가 낮다면 빨리 잊고, 팀장의 언행이 지나치면 회사에 이의 제기를 할 수도 있다. 어쨌든 문제는 당신이 아니라 팀장에게 있다는 점을 절대 잊지 말자.

피드백을 받아들이는 3단계 비법

1) 피드백 직후 내 감정을 바라본다.
2) 그대로 받아들이지 말고 재해석하고 객관화하자.
3) 메시지가 아닌 문맥을 읽는다.

부당한 피드백이 아니라면 나의 성장을 위해 귀담아듣자. 상사의 피드백은 일단 피하고 싶다는 마음은 이해한다. 차라리 동료나 후배의 솔직한 피드백을 더 듣고 싶을 것이다. 안타깝게도 상사가 아니면 당신에게 솔직한 이야기를 들려줄 사람이 드물다. 동료나 선후배는 좋은 관계를 유지하기 위해 적당히 칭찬하거나 완곡하게 얘기한다. 거기서 개선점을 찾기는 어렵다.

상처를 조금이라도 줄이면서 피드백받는 요령을 제안해본다. 3단계로 피드백 메시지를 인식하는 방법이다. 처음에는 피드백으로 인한 상처를 먼저 보듬고 그다음에 내게 유용하도록 메시지를 인식한다.

1) 피드백 직후 내 감정 직시하기

피드백을 받은 직후에는 부정적인 감정이 먼저 떠오른다. 분노, 불안, 억울함 등이다. 제일 먼저 '팀장이 나를 이렇게 생각해왔나!' 하는 분노와 억울함이 느껴진다. 또한 '인사평가 때 나쁜 등급을 받는 거 아냐?' 하는 불안에 시달리게 된다. 애써 이 감정을 억누르려 하지 말고, 있는 그대로 바라보아야 한다. 자신의 감정을 똑바로 바라보자. '나는 지금 팀장의 피드백에 억울해하고 있구나.' 하면서…. 시간이 어느 정도 지날 때까지는 이런 감정을 인정하고 놓아둔다.

2) 재해석과 객관화

감정을 추스르고 나면 팀장의 피드백 내용을 재해석한다. 단어 하나하나 곱씹으면 상처만 커진다. 중요한 것은 피드백에 사용된 말이 아니라 '의미'다. 메시지를 재해석하며 피드백의 의미를 걸러야 한다. '고객의 상담 만족도는 좋은데, 상담에 시간 소모가 커서 정작 실적은 안 오른다.'라는 피드백을 받았다. 보통의 경우는 '그럼 고객이 얘기하고 있는데 말을 자르라고? 고객 만족도 평가를 받는데 나보고 어쩌란 거야?'라고 생각하기 쉽다.

다시 해석해보면, '고객 중심의 소통 역량은 뛰어나다.'라는 인정의 의미가 있다. 여기서 팀장은 팀원의 실적이 쌓여야 팀 성과를 올릴 수 있으니 '영업 실적'만 좋아진다면 문제될 것이 없다. 당신은 지금처럼 고객과 원활하게 소통하는 강점은 유지하면서 실적 챙기는 것을 놓치는 포인트가 없는지 고민하면 된다. 단, 지나치게 긍정적으로만 해석해서는 안 된다. 피드백 정보를 중심으로 나를 객관적으로 보자. '고객 만족도를 높이면서 짧고 명쾌하게 상담할 수는 없을까?' 이렇게 분석하고 고민하는 동안 내 역량은 성장한다.

3) 문맥을 읽는다

피드백에 사용된 표현보다 피드백을 준 사람의 의도에 주목하자. 문맥을 먼저 파악하고 행간과 자간에 숨은 의미를 살피자.

예를 들어, '이번 프로젝트에서 좀 더 주도적으로 업무를 처리했으면 좋겠다.'라는 피드백에 '내가 시키는 대로만 한단 말인가?' 하고 부정적으로 반응하기 쉽다. 하지만 '더 주도적이면 좋겠다'라는 말이 '수동적이다'라는 의미가 아닐 수 있다. 프로젝트 진행자 중 가장 선임이니 구성원의 협력을 이끄는 역할을 해주길 바라는 기대가 있을 수 있다. 이를 '주도적으로'라는 말로 뭉뚱그려 표현했을 수도 있다.

피드백하는 사람은 마구 돌을 던지는데, 알아서 피하고 찰떡같이 알아들으라니 참 어려운 일이긴 하다. 피드백이라는 쓴 '독'을 당신의 성장에 독으로 쓸지 약으로 쓸지는 피드백을 받는 순간부터 달라진다는 점을 잊지 말자.

09 상대가 감동하는 설득 기술

반대 의견에 날을 세우고 어떻게든 논쟁에서 이겨야 한다는 사람이 많아졌다. 과거에는 공채 시스템으로 채용된 선후배 관계로 촘촘히 얽혀있었다. 그래서 직무와 부서는 달라도 어쨌든 선배가 반대 의견을 제시하면 '네, 알겠습니다.' 하고 대답할 수밖에 없었다.

이제는 '나'의 가치를 높게 본다. 내 의견이 받아들여지지 않는 것은 나라는 존재를 무시한 것으로 생각한다. 평등 의식도 강화됐다. 나보다 연차가 높더라도 수평적인 관계인데 무조건 내 주장을 굽히는 것은 옳지 않다고 생각한다. 그러다 보니 협의가 길어지고 서로 자기 의견을 강하게 주장한다.

설득에는 우선 공감이 중요하다

1) 반대 의견에 날을 세우는 사람이 늘고 있다.
2) 일이 되도록 설득하기 위해서는 우선 '공감'을 표현한다.
3) 나와 견해가 다를 수 있음을 인정하면 스트레스도 줄어든다.

'공감'은 다른 사람의 처지가 되어 그의 마음을 헤아리는 능력이다. 상대의 감정과 일을 바라보는 관점을 이해하는 능력이다. 상대를 이해하면 그의 사고 과정을 읽을 수 있다. 그러면 그의 사고 과정에 맞추어 나의 의견을 전달하는 데 효과적으로 활용할 수 있다.

회사에는 유독 공감을 잘하는 사람이 있다. 당장 업무 성과가 탁월하게 드러나지는 않지만, 확실히 일을 유연하게 잡음 없이 처리한다. 동료들도 비슷한 조건이면 공감 잘하는 사람과 일하고 싶어 한다.

미래 사회에 필요한 역량으로 '공감 능력'을 꼽는 전문가가 많다. 다른 시각으로 보면, 그만큼 공감 능력을 갖춘 사람이 줄어들고 있다는 뜻이기도 하다. 나 중심으로 생각하고 행동하는 시대에 남의 생각 읽기를 배우라니, 쉬운 일은 아니다.

조금 다른 시각으로 접근하면 어떨까? 내 의견에 반대하는 사람의 존재를 인정해야 스트레스도 줄어든다. 견해 차이로 격하게 부딪혀 봐야 내 몸과 마음만 상한다. 그러니 내 마음의 작은 평화를 위해서 라도 반대 의견을 일단 듣는 척해보는 게 어떨까?

문제는 자기 인식 부족

> 1) 꼭 비슷한 경험이 있어야 상대를 존중하는 것은 아니다.
> 2) 자기 인식은 '남이 나를 어떻게 생각하는지' 잘 아는 것이다.

의견 차이에 격하게 반응하고, 타협점을 못 찾는 건 '자기 인식 부족'에서 드러나는 경우가 많다. 현재 내 감정이 어떤 상태인지 제대로 보지 못한다는 뜻이다. 반대에 부딪히면 '어떻게든 논쟁에서 이겨야 한다'라고만 생각하고 있는 것은 아닐까?

자기 인식이 높은 사람은 공감 잘하고 자기감정 통제에 뛰어나다. 공감을 잘하니 타인과의 관계 맺기에 능숙하고, 자기감정 통제를 잘하니 불필요한 스트레스에 시달리지 않는다. 그러니 자기 인식 잘하는 방법을 연구하면 여러모로 유리하다.

우리는 보통 비슷한 경험이 있으면 상대를 더 잘 이해한다고 생각한다. 반대로 내가 상대와 의견이 다르고 자주 부딪히는 것은 경험이 전혀 다르기 때문이라고 여긴다.

그러나 연구 결과에 따르면 꼭 유사한 경험이 있어야 상대방을 더 잘 이해하는 것은 아니라고 한다. 비슷한 어려움을 겪은 경험이 그 어려움을 과소평가하는 요인이 된다. 혹독한 야근을 거쳐 성장한 부장이 야근 정도는 아무것도 아니라고 말하는 식이다. 경험을 탓하지는 말자. 그냥 공감하고 이해하는 법을 배우면 된다.

자기 인식을 높이는 방법을 간단히 알아보자. 우리는 자기 행동에 대해 돌아볼 시간을 갖지 않는다. 정기적으로 내 행동 중 고칠 부분이 있는지 고민해보고 어떻게 하면 더 나은 행동을 할 수 있는지 생각해보는 '반추'를 활용하면 자기 인식을 높일 수 있다. 이때, 단순히 생각만 하기보다는 글로 적으면 효과가 더 좋다.

'그럴 수도 있지'라는 말의 힘

1) '그럴 수도 있지'라고 생각하면서 말하는 사람은 적이 없다.
2) 반대하는 사람을 악마의 대변인이라고 생각해보자.

반대 의견을 내는 사람을 온전히 이해할 수 없다면 우선 '그럴 수도 있지'라고 생각하고 말하는 방법부터 배워보자. 최소한 적을 양산하는 최악의 상황은 막을 수 있다.

부서 간 협의가 잘 이루어지지 않아 끝도 없이 회의할 때면 정수 차장은 늘 '그럴 수도 있겠네요.'라고 대답하곤 했다. 처음에는 '우리 부서의 입장을 견지해야지, 왜 저쪽 편을 드는 걸까?' 하고 생각했다. 그런데 가만히 듣고 있으니 정수 차장의 말 한마디에 격앙된 회의 분위기가 누그러지는 것이 느껴졌다.

정수 차장과 이야기해보니 그는 반대 의견 내놓는 사람을 보면 '악마의 대변인Devil's Advocate' 개념을 떠올린다고 했다. 가톨릭에서 누군가를 성인으로 추대하려 할 때는 반드시 한 사람에게 반대하는 역할을 맡긴다. 의도적인 반대 목소리를 통해 정반대 측면도 고려해보고 현명하게 의사결정하기 위함이다. 악마의 대변인은 조직 전체가 결정 오류를 피하도록 돕는 장치다.

누군가 당신의 의견에 반대한다면 속으로 되뇌어보자. '그럴 수도 있지. 저 사람은 악마의 대변인 역할을 하는 것뿐이야. 결국은 이 모두가 최적의 의사결정을 하기 위한 과정일 뿐이야.' 이렇게 떠올리는 것만으로도 내 정신 건강에 큰 도움이 된다. 겁 많은 사람이 화를 더 많이 내는 법이다.

10 팀장과 함께 나누는 성과의 기쁨

나는 한때 자신감을 넘어 자만심이 가득했다. 인사 시스템 개발 경험이 풍부하니, 교육 정보 관리 시스템(LMS : Learning Management System)도 혼자 구축하는 데 아무 문제 없다고 판단했다. 개발 외주사와의 작업은 원활히 진행되었다. 간혹 중간에 보고하면 별말이 없었기에, 팀장도 개발 방향에 동의했다고 여겼다. 마지막 완료보고를 할 때였다.

"큰 문제 없이 구축 마지막 단계입니다. 최종 승인해주시면 마무리하겠습니다."
"이런 큰 프로젝트를 혼자 독단으로 진행하면 어떡합니까? 모두의 아이디어를 담고 확장 가능성도 고려했어야 했습니다. 큰 문제가 없었다고 성공이 아닙니다."

나는 이 프로젝트에 팀장의 견해가 담기지 않았음을 뒤늦게 깨달았다.

팀장을 귀찮게 하지 않으면 좋아할까?

1) 팀장은 팀원이 알아서 다 하기보다는 도움 요청하기를 바란다.
2) 팀장은 자신이 도움을 준 후 좋은 성과를 낸 팀원을 더 믿는다.

영문을 알 수 없었다. 최단 기간, 최소 비용으로 프로젝트를 마무리했으니 완벽하다고 생각했다. 팀장의 진짜 마음을 알게 된 것은 시간이 흘러 내가 시니어 사원이 되고 난 후였다. 효과적인 일 처리만 중요한 게 아니었다. 리더에게는 '우리가 같이' 추진한 공동 작품이라는 의미가 더 중요했다.

혼자 진행해도 무리가 없는 일이라도 팀장, 임원을 끌어들여 그들의 의견을 반영해 성과를 올리는 게 현명하다. 리더에게 판단을 요구하고 함께 고민하는 게 올바른 방향이다. 필요하면 추가 자원을 투입하도록 설득하면서 애초의 기획보다 두 배, 세 배 더 나은 프로젝트로 만들어야 한다.

팀장의 심리는 보기보다 복잡하다. 팀원이 혼자 알아서 일을 깔끔하게 처리하면 편하다. 그러나 한편으로는 팀장의 존재 가치가 사라졌다는 쓸쓸함을 느낀다. 다 만들어진 레고 블록을 선물받는 것보다 밤새 끙끙거리며 작은 조각을 하나하나 조립하기를 바란다.

팀원 스스로 다 알아서 일을 마무리하면 팀장이 100퍼센트 만족할까? 이런 똑똑한 팀원이 있으면 팀장의 업무 부담은 줄어든다. 하지만 팀장에게 업무 부담보다 더 중요한 것은 바로 '통제감'이다. 팀장은 비록 부담이 있더라도 자신의 통제 아래 제대로 진행되는 일을 선호한다. 팀장은 단순히 결과를 점검하고 격려만 하는 존재가 아니다. 팀장은 그 이상을 원한다. 팀 전체 일이 내 통제 가능 범위에 있다고 여길 때 비로소 안심하게 된다.

팀장의 용도

1) 팀장에겐 팀원의 능력을 넘는 영역이 있다.
2) 팀장은 추가 자원 투입이 필요할 때 도움을 준다.

혼자 알아서 일해도 되는 때는 언제이고, 팀장의 힘을 빌려야 할때는 언제일까? 미리 몇 가지 기준을 세워두면 적절히 도움을 요청하며 더 수준 높은 성과를 올리는 데 도움이 된다.

우선, 팀원의 능력을 넘어서는 영역은 팀장에게 도움을 청하도록 하자. 예를 들면, 임원을 설득하거나 사외 의사결정자를 움직이는 역할은 팀장에게 부탁한다. 사회적 위치가 설득에 영향력을 미친다. 협력사에 납기를 절반으로 줄여달라고 요구하는 상황을 예로 보면, 실무자가 아무리 애써도 협력사 팀장을 설득하기는 쉽지 않다. 이럴 때는 팀장에게 요청하면 문제가 쉽게 풀린다.

추가 자원을 얻어서 프로젝트를 키울 때도 팀장의 도움이 절실하다. 그런데 시간, 예산, 인력 등 자원을 더 받아내려면 상사와 유관부서를 설득해야 한다. 적지 않은 수고가 든다. 이런 과정을 떠올리면 그냥 혼자 조금 더 고생하는 편이 낫다고 생각할 수 있다.

혼자 적당한 성과를 내기보다는 팀장을 활용해 최고의 성과를 올려보면 어떨까? 팀장을 깊이 개입시켜 예산과 필요한 지원을 얻어내자. 팀장이 경영진에게 공식적으로 요청해 조직이나 인력을 지원받을 수 있다.

팀장을 프로젝트에 참여시키려면 투명한 정보 공개가 우선이다. 특히 팀장의 도움이 어떤 결과를 낳았는지 상세히 보고한다. 팀장을 깊이 관여시키고 최대한 감사를 표현한다. 팀장의 조언을 받아 그걸 어떻게든 반영하도록 한다. 이 과정을 거치면 팀장은 우리 프로젝트의 열광 팬이 된다. 리더의 관심이 녹아 있으므로 프로젝트는 성공 가능성이 커진다.

성과 창출 과정에서 관계가 생긴다

1) 팀장과의 관계로 힘들어하는 팀원.
2) 결국 일로 경쟁하면 편하다.

직장인이라면 제일 어려운 것이 상사와의 관계 만들기다. 이를 위해 회식에 자주 참여하고, 등산을 하고 골프를 치기도 한다. 과거와 비교해 관계 관리를 위한 노력이 줄어들긴 했지만, 인사권을 가진 상사와 더 깊은 관계를 쌓고 싶은 마음에는 변함이 없다.

이런 노력은 잘못하면 '사내 정치'로 변질한다. 동료들이 팀장과 골프장에 간 일을 아부라고 수군거린다. 팀장과 자주 점심, 저녁을 함께하는 팀원은 줏대가 없다며 비아냥거림을 듣는다.

물론 이런 관계 맺기 활동도 소홀히 해서는 안 된다. 그러나 임원, 팀장에게 제일 중요한 것은 성과라는 사실을 잊지 말자. 가능하면 관계도 '일과 성과' 아래서 자연스럽게 맺는 편이 오래간다. 함께 골프 치며 웃었던 직원보다는, 늦은 시간까지 프로젝트의 진척 방향을 토론하며 땀 흘린 직원이 더 기억에 남는다.

그러니 상사를 일에 깊이 끌어들이자. 조언을 구하고, 도움을 청하고, 사소한 것이라도 의사결정을 해달라고 들들 볶자. 팀장이 귀찮아할까? 아니다. 오히려 자신이 얼마나 필요한 사람인지 느끼며 뿌듯해한다. 팀장은 자신을 마음껏 부려도 함께 성과 내는 팀원을 좋아한다.

팀장이 당신에게 원하는
일머리, 개념
Working mind

1장

2장

3장

4장

01 전체 흐름 파악하고 일하기

"제 일은 다 해놓았습니다."

지점 업무 매뉴얼을 만드는 프로젝트였다. 팀원이 모두 똑같이 분량을 나누어 분담했다. 유독 성현 주임이 꽤 여유로워 보였다. 일이 많지 않냐고 물었더니 자기가 맡은 일은 다 했다고 대답한다. 살펴보니 자기 스타일대로만 일을 해두었다. 그가 작성한 부분은 매뉴얼 전체 흐름과 맞지 않았다.

반면에 지연 과장은 먼저 매뉴얼 전체의 흐름을 파악하고 거기에 맞춰 자신의 원고를 작성했다. 부여받은 일정 중 마지막 며칠은 보완을 위해 따로 빼놓았다. 이 기간에 다른 담당자와 중복되는 부분을 빼고, 부족한 내용을 보충했다.

부분만 보고 일하면 업무 수준이 낮아진다

1) 맡은 일만 잘하려고 하면 일이 풀리지 않는다.
2) 프로는 일의 전체 흐름을 보는 눈이 있고, 초보는 일부만 본다.

주니어 팀원은 자기가 맡은 일만 잘하면 된다고 생각한다. 신기하게도 자기 업무만 고려하는 사람은 일의 수준이 낮아진다. 다른 사람에 비해 업무량이 적어도 질적으로 높은 수준에 도달하지 못한다.

일에서 프로와 초보의 차이는 지식과 기술 격차 때문이라고 생각하기 쉽다. 물론 지식과 기술에서도 차이는 있다. 하지만 결정적으로 일이 되게 만드는 능력은 판을 읽을 수 있는 안목이 있느냐 없느냐에서 나온다.

프로는 부분부분 깊이 있는 일 처리를 통해 단위 업무 간 연결 고리를 찾아 일한다. 하나둘씩 연결 고리가 쌓이면 머리로 일의 흐름을 일목요연하게 그릴 수 있게 된다. 이 흐름을 꿰고 있으면 일의 고수가 된다.

전체를 보는 눈이 자신감을 만든다

1) 전체를 보는 시각이 있으면 생각과 의견을 자신 있게 드러내게 된다.
2) 시야가 넓은 사람은 왠지 의지가 된다.

전체를 보는 눈이 있으면 자기 효능감이 높아진다. 작은 성공을 반복하면 자신을 바라보는 시각이 달라진다. 나를 꽤 능력 있는 멋진 사람으로 보게 된다. 이걸 자기 효능감이라고 부른다. 자기 효능감이 충만한 사람은 일할 때 늘 즐겁다.

전체를 보는 눈은 충분한 경험이 필요한 고급 기술이다. 단기간에 쉽게 배우기 어렵다. 중요한 것은 관점이다. 관련 있는 일까지 함께 살펴보기 위해 노력하고, 같이 일하는 사람의 일까지 관심에 두자. 점점 시야가 넓어질 것이다. 전체를 고려하며 일하면 나와 동료가 서로 윈윈할 수 있다. 중복해서 일하는 것을 미리 방지하고 서로 나누어 맡은 일을 합쳤을 때 수정하는 시간을 줄일 수 있다. 결과적으로 협업하는 모두가 적게 일하면서 더 나은 성과를 올릴 수 있다.

이런 능력은 하루아침에 만들어지지 않는다. 회사에서뿐 아니라 일상생활에서도 하는 일과 연관해 더 큰일이 어떤 것인지 생각해보자. 예를 들면, 사용한 식기를 단순히 씻고 그대로 넣기보다 누구나 쉽게 정리할 수 있는 수납 방법을 고민해보는 것이다. 사소한 일 하나도 세심하게 관찰하고 거기에 관련 있는 상대를 고려해보는 노력이 쌓이면 전체를 보는 능력이 향상된다.

시야 넓히는 방법

1) 일의 목적과 목표를 항상 고려하면서 일한다.
2) 회사의 상위 시스템과 하위 시스템 구조를 익힌다.
3) 내 분야뿐 아니라 다른 분야에도 관심을 둔다.

업무 계획을 세울 때 단순히 나열식으로 '해야 할 일To do list'을 만드는 사람이 있다. 이렇게 해서는 눈앞의 과업에만 빠져들 뿐 시각을 넓힐 수 없다. 연차가 적을 때는 해야 할 일에만 과하게 몰두한 나머지 일의 목적을 의식하지 못하고 할 일 목록만 쳐낸다. 업무 계획에는 반드시 이 일을 하는 목적과 목표를 같이 적어두어야 한다. 어느 정도 습관이 되기 전까지는 계속해서 목적과 목표를 의식하며 일하기 위해서다.

신상품 개발은 고객에게 기존 상품과 차별화한 가치를 제공하여 회사 매출을 높이는 것이 목적이다. 신상품을 통해 매출 5퍼센트를 향상하겠다는 목표가 있다면 마케팅 전략이나 프로모션을 통해 이 상품의 기능을 얼마나 어필할 수 있는지도 염두에 두어야 한다. 단순히 내가 맡은 상품 기능 개선 작업이 끝났으므로 일을 완료했다고 여기면 곤란하다.

조직에서 하는 일은 상위 시스템과 하위 시스템으로 무한하게 연결되어 있다. 이 시스템의 연결 관계와 구조를 배우려고 노력하자. 일하면서 우리 팀 동료, 다른 부서 동료에게 관심을 두고 그들이 하는 일에 대해 듣다 보면 시스템을 이해하는 데 도움이 된다.

인사 부서를 예로 들면 조직의 인사 시스템은 인사관리, 조직문화, 인사제도, 조직구조, 성과평가, 상벌체계, 보고 라인, 교육체계 등의 상위 시스템으로 구성되어 있다. 인사관리 시스템의 하위에는 다시 채용, 퇴직, 직무 전환, 인력배치, 승진, 복리후생 등의 시스템이 있다. 채용은 좀 더 세부적으로 채용 공지 및 홍보, 지원서 접수, 면접 운영 시스템으로 구성한다.

중요한 점은 이 시스템 간 상호작용을 이해하는 것이다. 이 상호작용은 쉽게 파악할 수 있는 것도 있지만, 그렇지 않은 것도 많다. 시스템 구조를 이해하고 상호작용을 머릿속에 그리고 있으면 '큰 그림을 볼 수 있다'라고 평가한다. 이러한 시스템 이해 여부를 이유로 채용할 때도 비슷한 산업, 유사한 직무 경험이 있는 사람을 선호한다.

감독이 선수보다 경기 흐름을 넓고 깊게 보는 데는 이유가 있다. 운동장 안에서 실제로 뛰는 선수는 자신 앞에 있는 공은 잘 보이지만, 경기 전체 흐름은 눈에 들어오지 않는다. 비록 선수로 뛰더라도 감독의 눈을 가지려고 노력하면 차원이 다른 플레이를 할 수 있다.

전문가라면 한 분야만 깊게 파야 한다고 생각하는 사람이 많다. 이렇게 같은 분야에만 관심을 두면 폭넓은 통찰력을 발휘하기 어렵다. 내 분야가 아닌 다른 분야도 관심을 두고 배우려는 자세를 갖도록 노력하자. 다른 분야에서 일하는 사람들과 어울리고, 그들의 이야기를 듣고 직접 또는 간접으로 많은 일을 체험해보자.

02 | 효과적인 프로세스 만들기

대작을 쓰는 작가들은 영감과 열정에만 의지해서 작품을 완성할까? 소설가 무라카미 하루키는 철저히 프로세스에 따라서 일한다. 《직업으로서의 소설가》에서 소개하는 하루키가 일하는 방법을 살펴보자.

1) 초고 작성 - 매일 20매, 한 달 600매의 원고를 쓴다.

2) 3회 퇴고 - 전체 고치기 + 정교하게 고치기 + 강약/리듬 조절하기

3) 피드백 - 아내의 평가를 받는다. 지적받은 곳은 무조건 고친다.

당신이 소설가로 첫발을 내딛게 되었다고 상상해보자. 하루키의 프로세스를 알기 전과 알게 된 후, 일하는 방식이 어떻게 바뀔까? 이것이 바로 프로세스다.

프로처럼 일하는 능력의 비밀

> 1) 나쁜 습관은 고민하고 개선하지 않으면 그대로 반복한다.
> 2) 프로는 최적의 프로세스를 습관으로 만든다.

우리가 어떤 일을 할 때는 일정한 습관이 생긴다. 우리 뇌는 웬만하면 노동을 피하려는 게으른 성향이 있다. 매번 어떤 순서로 일할지 고민하다 보면 뇌의 노동이 늘어나므로 한두 번 시행착오를 겪고 나면 반드시 일정한 패턴을 만든다.

프로세스란 우리가 일하는 방법 또는 일의 연속적인 흐름work flow을 말한다. 프로세스는 자원을 투자Input하고 부가가치를 생산하는 활동을 통해 양질의 성과Out-Put를 창출하는 과정이다.

의도적으로 제대로 된 프로세스를 만들지 않으면 나쁜 습관이 스며든다. 습관은 뇌가 편하기 위해 만드는 것이므로 효율적인 행동 패턴과 거리가 있다. 사람들은 보통 그냥 편한 방법, 익숙한 방법을 선택한다.

사람은 누구나 자신만의 일하는 루틴이 있다. 비슷하게 일하는 것처럼 보여도 어떤 순서에 따를지, 어떤 단계에 시간이 더 들어가는지 모두가 다르다. 10명이 있으면 10개의 루틴이 있다.

프로는 많은 시행착오를 거쳐 자신만의 효과적인 프로세스를 만들어낸 사람이다. 그러다 보니 매번 뛰어난 성과물이 나온다. 반면 연차가 낮을 때는 일정한 프로세스가 없거나 자신만의 잘못된 루틴대로 일한다. 결과물의 품질이 들쑥날쑥하고, 때로는 지속해서 낮은 성과가 나온다.

왜 무턱대고 일하는 걸까?

1) 혁신 마인드 차이 – '어떻게 하든 어차피 비슷하다.'
2) 프로세스를 만들고 혁신하는 법을 모른다.
3) 효과적인 프로세스를 본 적이 없다.

사실 혁신 자체가 훌륭한 프로세스를 만들고, 그 프로세스를 정기적으로 검토하여 개선하는 작업이다. 업무 혁신으로 불필요한 프로세스는 줄이고, 더 효과적인 프로세스를 만들면 일의 성과가 개선된다.

그런데 실제 일터에서는 프로세스에 대해 고민하는 사람이 드물다. 왜 이들은 프로세스를 개선하여 더 효율적으로 일하려고 하지 않을까?

'바빠서 고민할 틈도 없는데 되든 안 되든 일단 일을 해야지, 무슨 프로세스 타령이야!' 나무 베느라 바빠 도끼날 갈 시간이 없다는 격이다. 어떻게 일할지 고민 없이 무턱대고 일을 시작한다. 이렇게 하면 더 많이 일하는 것처럼 보이지만 실제 성과는 낮을 수밖에 없다.

프로세스를 바꿔봤자 어차피 성과는 비슷비슷하다는 마인드를 가진 사람도 있다. 프로세스를 개선한다고 결과가 눈에 띄게 바로 달라지지 않을 수 있다. 지속해서 프로세스를 고치고 조금씩 낫게 만들다 보면 어느새 성과가 눈에 띄게 달라진다. 이 과정을 견디지 못하고, 프로세스를 바꿔도 별로 달라진 것이 없다고 생각한다.

눈앞의 일을 최대한 빨리 해치우는 것이 목적인 팀원은 '어떻게 하면 일을 더 잘할 수 있을까?'라고 고민하기 어렵다. 사실 이건 팀장의 몫이다. 훌륭한 리더라면 구성원이 일하는 방법에 대해 고민하고 더 나은 방법을 찾도록 일깨워야 한다.

또 한 가지 안타까운 현실은 어떻게 하면 더 나은 프로세스를 만들 수 있는지 제대로 배우지 못한다는 사실이다. 업무 프로세스 혁신에 대해 자주 들어도 정작 구체적인 방법을 아는 사람은 드물다.

훌륭한 프로세스의 모범인 '베스트 프랙티스Best Practice'를 관찰할 기회가 부족한 조직도 있다. 조직 전체가 오랫동안 관성에 빠져 있으면 누군가 베스트 프랙티스를 만들어도 관심조차 보이지 않는다. 베스트 프랙티스를 확산하여 조직 전체가 일하는 수준을 바꿔야 하는데 그렇게 되지 않는다. 후배는 일 잘하는 선배의 프로세스를 볼 기회가 아예 없다.

좋은 프로세스 만드는 요령

> 1) 프로세스 가시화하기.
> 2) 베스트 프랙티스 찾기.
> 3) 목표에 미달했다면, 계속 프로세스 업데이트하기.

좋은 프로세스 만드는 첫 번째 방법은 프로세스를 가시화하는 것이다. 무라카미 하루키가 자신의 '장편소설 집필 프로세스'를 상세히 남긴 덕분에 우리는 그걸 보고 배울 수 있다. 거기서 나에게 적용할 방법을 배울 수 있고, 나에게 맞지 않는 방법도 발견할 수 있다.

프로세스를 평가하고 내게 맞는 프로세스를 발견하려면 가시화하는 단계가 중요하다. 프로세스 맵을 통해 도식화해보는 방법과 간단히 글로 써보는 방법을 추천한다. 특히 성과에서 문제가 발생할 때는 프로세스를 구체화해보면 문제를 쉽게 찾을 수 있다.

진영 대리는 항상 5분에서 10분씩 지각해 팀장에게 자주 지적받았다. 기상 시간을 10분 당겼지만, 이상하게 회사에 도착하는 시간은 똑같았다. 그래서 기상 후 사무실 도착까지의 프로세스를 간단히 정리해보았다. 그랬더니 지하철역 편의점에서 음료수 사 먹는 습관을 발견했다. 집에서 일찍 출발한 날은 더 느긋하게 편의점에 머물렀는데, 그 사실을 전혀 인지하지 못하고 있었다. 이후에는 편의점 들르는 과정을 생략했고, 지각하지 않고 출근할 수 있었다.

최적의 프로세스인 '베스트 프랙티스'를 참고하면 효율적인 프로세스에 쉽게 도달할 수 있다. 앞서 일한 누군가가 시행착오를 겪고 만든 방법을 바로 적용할 수 있어서 그만큼 실패를 줄일 수 있다. 우선 사내에 일 잘하는 선배의 베스트 프랙티스가 있는지 살펴보자. 때로는 전혀 다른 직무의 베스트 프랙티스에서 영감을 얻기도 한다.

다만, 베스트 프랙티스라고 해서 내게 꼭 맞는 옷이란 법은 없다. 이럴 때는 내게 맞게 수선해야 한다. 수선한 옷이라도 처음부터 새로 옷을 디자인하고 재단하는 것보다는 시간과 노력이 크게 줄어든다.

어느 정도 프로세스가 완성된 형태에 이르렀다고 해도 성과 목표에 도달하지 못했다면 어딘가 고쳐야 하는 프로세스가 남아있다고 생각하자. 예를 들어, 콜센터 고객 응대 프로세스 사례를 살펴보자. 우리 상황에 맞춰 최적이라 여긴 프로세스를 만들었다. 하지만 10초대 통화 연결률이 70퍼센트 수준으로 고객들이 대기 시간에 분통을 터트린다면 문제가 있는 것이다. 이럴 때는 프로세스에서 개선점을 다시 찾아야 한다.

개선하고 개선해야 한다는 귀찮음이 우리를 괴롭힐지 모른다. 이런 의문이 들지도 모른다. '귀찮은데 그냥 하던 대로 일하면 되지, 굳이 프로세스를 찾아서 개선해야 할까?'

최적의 프로세스를 찾아야 하는 건 덜 귀찮기 위해서다. 잠깐 고생하여 최적의 프로세스를 찾으면 일이 빨리 끝나고 그만큼 일 부담이 줄어든다. 잠깐의 고민을 피하려고 나쁜 방식을 계속 반복할 이유가 있을까?

03 기획 고수로 성장하려면

재준 대리는 데이터를 참 좋아했다. 엑셀 시트 가득 데이터가 모이면 표로 보기 좋게 정리한다. 데이터를 가공하여 새로운 정보를 산출한다. 그래프 형태로 멋지게 표현하고 보고서에 담는다. 멋진 그림과 도식으로 인포그래 픽 형태로 표현하기도 했다. 이걸 위해 야근을 밥 먹듯이 해도 아름다운 보 고서를 보면 뿌듯하다. 그런 보고서를 들고 팀장에게 달려갔다.

"데이터는 참 잘 뽑았는데, 그래서 이 데이터들이 의미하는 바가 뭐지?"

"매달 신상품 판매가 늘고 있으니, 좋다는 뜻입니다."

"그건 신상품 나온 지가 얼마 안 돼서 당연한 거고. 그 당연한 걸 알기 위해 이 정도 정보까지는 필요 없잖아. 그래서 어떡하자는 말인지 원."

"…."

기획에 정보가 다는 아니다

1) 기획 못 하는 사람은 정보 취합은 열심히 하지만 활용하지 못한다.
2) 정보만으로는 대안을 만들 수 없다.

재준 대리는 더 말을 잇지 못했다. 자신은 신상품 판매 데이터를 정리하라고 지시받았고 그대로 따랐을 뿐인데 핀잔만 들었으니 어안이 벙벙하다. 과연 재준 대리의 문제는 무엇이었을까?

팀장이 상품 판매 정보를 요청한 것은 '왜 이 신상품이 이렇게 잘 팔리는지' 알기 위함이다. 현재 마케팅 트렌드에 잘 맞은 것일 수도, 고객 니즈를 적시에 간파한 것일 수도 있다. 신상품이니 영업사원이나 고객의 호기심을 자극한 것일 수도 있다. 어느 쪽이냐에 따라 장기간 꾸준히 판매될지, 단기에 판매량이 급감할지 예측할 수 있다. 가설을 만들어 예측한 결과를 두고 적합한 마케팅 전략 수립이 이어진다. 이러한 과정은 결국 '왜'라는 문제를 밝히는 것에서 시작한다.

아쉽지만 재준 대리의 보고서로는 '왜?'라는 질문에 답을 찾을 수 없었다. 정보만 들어있을 뿐 그 정보를 활용한 의견이 없었다. 정보를 통해 어떤 일의 '원인'을 밝혀내려면 보고서 작성하는 사람의 견해가 들어가야 한다.

대안 수립을 위해서는 가설 검증이 필요하다

1) 시장과 고객 트렌드를 알기 위해 나만의 가설을 세운다.
2) 가설을 세우려면 견해를 가질 수밖에 없다.

우선, 정보를 얻는 과정부터 직접 참여하는 편이 좋다. 영업이든 마케팅이든 정보를 얻기 위해서는 고객과 만나고 현장을 찾아가야 한다. 잘 보이지 않고 스쳐 지나가는 무수한 상황과 정보가 현장에는 있다. 최종 데이터만 보아서는 알 수 없는 것들이다. 직접 현장 사람이나 고객과 대면하며 그들의 말을 들어보고, 그들의 말속에 숨은 뜻을 읽어야 한다.

그렇다고 정보가 필요할 때마다 발로 뛰어야 하는 것은 아니다. 시간이 지나고 현상 분석하는 눈이 생기면 다른 사람이 취합한 정보만으로도 행간의 의미가 눈에 들어오는 순간이 온다. 그 단계에 이르기 전까지는 현장에서 직접 정보 모으는 발품을 팔아보아야 한다.

중요한 것은 이 정보로 가설을 세우는 일이다. 요즘은 빅데이터를 분석해주는 AI에 관심이 높다. 몇 번의 빅데이터 AI 프로젝트에 참여해보았는데 확실히 기술 발전의 속도를 느낄 수 있었다. 그런데 아무리 기술이 발달해도 문제의 핵심을 파악해주진 않는다. 빅데이터가 축적되고 AI가 이를 1차 가공해준다 해도 문제의 핵심이 무엇인지는 그걸 찾고 해석하는 사람의 몫이다.

해석은 가설을 세우고 데이터를 통해 가설을 입증하는 과정을 말한다. 좋은 가설을 세우려면 어쩔 수 없이 담당자의 견해가 들어간다. 정보만 나열하거나 그 정보의 일차적인 측면만 분석하는 데 그치는 사람은 견해 내세우기를 두려워한다.

이렇게 하면 재준 대리 보고서처럼 단순한 정보 나열에 그칠 뿐, 좋은 가설을 세우고 적합한 대안을 제시할 수 없다. 팀장은 '그래서 어쩌라고?'라는 말을 속으로 되뇌일 수밖에 없다.

가설 수립과 증명으로 인사이트가 생긴다

1) 선배부터 외부 전문가까지 조언을 구해 나만의 견해를 밝힌다.
2) 이 과정이 반복되면 당신만의 인사이트가 생긴다.

과감하게 당신의 견해를 밝혀라. 그리고 그 견해를 바탕으로 가설을 제시해라. 처음에는 틀릴 수도 있다. 왜 이번 신상품이 잘 팔리는지 나름의 가설을 제시했는데 나중에 틀렸음이 밝혀지기도 한다. 그래도 팀장은 아무런 견해가 없는 보고서보다 자신의 견해를 담은 보고서를 선호한다. 의견이 있어야 일이 다음 단계로 나아갈 수 있다. 그래야 비슷한 성공 요소를 가진 새로운 상품을 기획하든지, 이번 상품의 성공을 확신하고 현재의 마케팅을 지속하든지 선택하는 결정을 할 수 있다.

자신의 견해가 맞을지 두려울 수 있다. 그럴 때 선임이나 동료에게 조언을 구한다. 사실 협업은 가설이 얼마나 타당한지 그 분야를 잘 아는 여러 사람의 의견을 구하기 위해 필요한 과정이다. 조언이 늘어날수록 가설이 적중할 확률이 높아진다. 완전히 새로운 일은 없다. 회사에서는 과거 비슷한 일을 했던 경우가 많고, 동료 중에서는 그 일을 먼저 경험한 사람이 있게 마련이다.

업무와 관련한 외부 전문가나 업계 관계자를 만나보는 것도 큰 도움이 된다. 사내에서는 비슷한 틀에서 벗어나기 힘들다. 어차피 마지막으로 의사결정하는 경영진이 같은 사람이기에 비슷한 안건만 통과되기도 한다. 사외 조언은 이런 한계에서 벗어나 있으므로 새로운 아이디어를 얻는 데 도움이 된다.

이렇게 틀릴 위험을 무릅쓰면서 계속 견해를 밝혀야 하는 이유는 뭘까? 나만의 견해를 세우고 이를 바탕으로 가설을 만든다. 가설은 지금 우리가 궁금해하는 문제점의 핵심 요소다. 여기에 맞춰 대안을 수립한다. 이 과정을 여러 번 반복하면 데이터만 봐도 미래 흐름이 눈에 들어오는 수준에 이르게 된다.

04 | 플랜 B, 플랜 C 준비하기

간혹 명백히 방향이 틀렸는데도 자신의 기획안을 끝까지 밀어붙이는 사람이 있다. 다른 대안은 고민조차 해보지 않고 몇 주간 끙끙대며 기획안을 준비해왔다. 그런데 팀장은 의견이 다르다. 이제 와서 버리자니 그동안의 노력이 아깝고, 처음부터 다시 하기는 싫다. 그러니 그냥 끝까지 자신의 제안이 맞는다며 고집을 부린다.

나는 의견이 뚜렷한 것은 강점이지만, 그 의견만 고집한다는 평가를 받았다. 신입사원 때 선배들에게 '실무자는 반드시 자신의 의견이 있어야 한다.'라고 배웠고 그래야 한다고 생각하면서 일했다. 그러다 보니 다른 팀 실무자와 부딪히는 때가 많았다. 그래도 처음에 정한 내 의견을 밀고 나가는 게 맞다고 여겼다.

대안을 생각하지 않는 사람들

1) 하나의 대안만 준비하는 이유는 일이 늘어나 귀찮다고 생각해서다.
2) 대안이 없으면 반대 의견을 듣기 어렵고 편협해진다.

뚜렷한 견해를 유지하면서, 상황별로 유연한 대처를 할 수 있을까? 할 수 있다. 우리 회사에도 외유내강의 자세로 현명하게 행동하는 사람이 여럿 있다. 그들은 자기가 만든 기획안을 상대에게 자신 있게 제안한다. 하지만 의견이 완전히 달라 도저히 받아들여지지 않거나, 상황이 급변하여 더는 통하지 않는다고 생각하면 바로 수긍하고 다른 대안을 제시한다. 처음에는 '어떻게 저렇게 임기응변에 능할까?'라고 생각했다. 알고 보니, 그건 임기응변이 아니라 준비된 전략이었다.

자기 일에 신념이 있으면서 유연한 사람들은 늘 플랜 B, 플랜 C를 준비한다. 덕분에 태세 전환이 빠르다. 대안을 준비하며 일하는 사람과 의견 하나만 고집하는 사람은 일에 대응하는 방식이 다르다.

방안이 하나뿐이면 반대 의견에 물러서기 어렵다. 실패를 피하려고 말도 안 되는 고집을 부린다. 반면, 대안을 여러 개 준비한 사람은 그 중 어느 안이 통과되더라도 결국 자기 의견을 관철한 셈이 된다.

플랜 B가 필요한 이유

1) 일에는 언제나 돌발 상황이 발생한다.
2) 플랜 B, C가 있으면 계획이 틀어져도 유연하게 대처할 수 있다.
3) 플랜 B가 있으면 현명한 사람으로 보인다.

일하다 보면 '절대', '반드시'는 없다. 아무리 철저하게 계획을 세우고 꼼꼼하게 준비해도 돌발 상황이 생긴다. 주말에 가족과 외식하려 했더니 단골 식당이 문을 닫았다. 교외의 멋진 카페로 데이트 가는 도중 차가 고장 난다. 애써 준비한 동호회 행사 날에 폭우가 쏟아진다.

인생은 계획대로 되는 때는 적고, 돌발사태가 빈번하게 일어난다. 그런데도 사람들은 모든 일이 계획대로 풀리기만 바란다. 단 하나의 계획만 세워놓고 그대로 일이 진행되지 않으면 당황한다.

고객을 상대하는 일은 돌발사태가 잦다. 고객은 언제나 한 번에 'OK!' 하지 않는다. 고객의 마음은 쉽게 바뀌고 끊임없이 더 나은 대안을 찾는다. 거의 설득한 것처럼 보였는데, 막판에 결정을 뒤집는다. 고객의 변덕으로 나의 제안은 수포가 되기 일쑤다.

몇 번 이런 일을 당하면 포기하고 좌절한다. '내 제안은 통하지 않나봐. 나에게 문제가 있나 봐.' 하면서 엉뚱한 곳에서 원인을 찾는다. 이런 과정을 거치며 매사에 의욕이 없는 사람이 된다. 이들에게는 위로나 휴식이 아니라 플랜 B가 필요하다.

대안을 준비하는 건 정신 건강에도 도움이 된다. 플랜 B를 준비하는 건 일이 뜻대로 되지 않을 때 상처받지 않기 위해서다. 늘 여유 있는 아빠가 되고 싶은가? 가족 여행이나 외식할 때 플랜 B를 계획하자. 멋진 데이트 시간을 만들고 싶은가? 애인 만나기 전에 잠깐이라도 돌발 상황을 예상해보자. 다양한 상황별 시나리오를 잠시 떠올려보는 것만으로도 마음에 여유가 생긴다.

"대안을 여럿 준비하라고요? 말은 참 좋은데, 현실성이 떨어집니다. 플랜 A를 만드는 데도 일주일이 걸렸어요. 실무자별 책임과 권한 배분하고, 예산 수립하고, 세부 실행 과제들 뽑고…."

플랜 B를 추천했더니, 선뜻 받아들이지 못하는 후배도 있었다. '플랜 여러 개를 준비하려면 시간과 노력이 너무 많이 들어간다.', '그렇게까지 일을 늘리고 싶지 않다.'는 생각 때문이다.

개인 시나리오 경영 방법

> 1) 시나리오 경영 – 개인의 계획에도 시나리오 경영을 적용하자.
> 2) 대안을 여러 개 마련한다고 노력이 추가로 필요한 것은 아니다.

시나리오 경영은 발생할 수 있는 상황에 따른 시나리오를 만들어 위험을 최소화하는 경영기법이다.

SK그룹은 2008년 금융위기 직전 세 가지 시나리오를 세워 계열사에 각각의 상황에 대처하도록 했다. 각 계열사는 시나리오별로 환율 변동에 대비했다. 덕분에 1000억 원 가까운 환차손을 피할 수 있었다.

개인 업무에도 시나리오 경영을 적용할 수 있다. 3~4개 정도 발생할 수 있는 상황을 시나리오로 만든다. 그리고 거기에 맞춰 대안을 세운다. 예를 들어, 전 직원이 참여하는 창립기념일 야외 행사를 계획했다. 좋은 날씨를 시나리오 A, 비가 오고 바람이 불면 시나리오 B, 비는 오지 않지만 쌀쌀한 날씨를 시나리오 C로 상정했다.

A상황에서는 준비한 절차와 예산대로 진행한다. B상황을 대비해 실내 행사 장소를 마련한다. 이 경우, 이동시간과 추가 예산이 필요하다. C상황일 때는 무릎담요나 비닐 재킷을 나누어준다. 이렇게 하면 어떤 상황에도 완벽하게 대처할 수 있다.

플랜 B와 C를 만들려면 세 배의 노력이 든다고 생각할 수 있다. 전혀 그렇지 않다. 안을 세 개 만든다 해도 약간의 준비가 더 필요할 뿐, 몇 배의 수고가 들어가는 것은 아니다. A, B, C는 상당이 비슷한 플랜으로, 일부만 수정하면 된다.

플랜 B나 C가 반드시 완벽해야 하는 것은 아니다. 어디까지나 여러 대안 중 하나이므로 완벽할 수 없다. 다만, 대안을 미리 고려해보고 일하는 것과 하나의 안만 준비한 것은 결과에서 차이가 크게 난다.

일단 불안에 떨지 않을 수 있고, 돌발 상황이 발생했을 때 유연하고 현명한 사람이라는 인식을 주변에 심어줄 수 있다. 신념을 가지고 돌파하는 것과 다양한 대안을 마련하는 것은 별개의 문제다. '의견이 뚜렷한 사람'과 '유연하게 대처하는 사람'이라는 인물평이 한 사람에게 동시에 생길 수도 있다.

05 | 퇴근 시간 사수하기

명호 과장은 '일 모드'에서 '퇴근 모드'로 바꾸는 자신만의 방법을 고안했다. 아파트 단지에 들어서면 10분 정도 산책한다. 가족과 함께 웃는 모습, 화목하게 식사하는 모습을 상상한다. 오늘 회사에서 있었던 일이 떠오르지 않고 평온한 마음이 들면 그때야 집으로 들어간다. 그는 이를 '회사 모드 전원을 끄는 시간'이라고 불렀다.

명호 과장이 이렇게까지 한 이유는 회사에서 가져온 날카로운 정신 상태를 집까지 들고 오는 자신을 발견했기 때문이다. 상사에게 크게 질책받은 날에는 아내와 아이들에게 분을 풀었다. '가족들이 무슨 죄가 있단 말인가.'라는 생각이 들자, 집에 들어가기 전 마음을 가다듬는 시간을 갖기로 결심했다. 그렇게 의도적으로 퇴근길에 기분 전환하는 다양한 방법을 연구하고 연습했다.

퇴근 후에도 현재를 살지 못하는 사람들

1) 회사에서는 퇴근 후를 생각하고, 퇴근 후에는 업무를 걱정한다.
2) 제대로 쉬는 방법을 배우자.

과도한 업무로 삶 전체가 엉망이던 때가 있었다. 특히 퇴근 후 샤워하거나 TV 보거나 식사 중에 갑자기 다 끝마치지 못한 업무가 떠올라 괴로웠다. 당장 처리할 수 있는 일도 아닌데 머리를 쥐어뜯으며 힘들어했다.

샤워 중에 갑자기 면접위원에게 미리 연락하여 일정을 확보하는 업무를 잊은 것이 떠올랐을 때는 잠도 못 자고 다음 날 출근할 때까지 전전긍긍했다. 선배가 고기를 사주던 날, 식사 중에 거래처에 비용 지급 처리를 실수한 일이 떠오르자 밥이 넘어가지 않았다. 고기에서 휴지 씹는 맛이 났다. 이런 괴로움이 정기적으로 반복되었는데 아주 미칠 노릇이었다.

직장에 다니는 부모들은 아이들과 많은 시간을 함께 보내지 못한다는 사실에 미안해한다. 그러나 미국 보스턴 칼리지의 연구에 따르면 '부모와 많은 시간을 보낸 아이들'보다는 '기분 좋게 집에 돌아오는 부모를 가진 아이들'이 더 행복함을 느꼈다고 한다.

우리나라 직장인들은 유독 제대로 쉬는 방법을 모른다. 직장에서는 퇴근 후를 생각하고, 퇴근해서는 일 걱정을 한다. 학업 능률이 낮은 학생일수록 영어 시간에 수학 공부를 하려 하고, 수학 시간에는 영어 공부를 떠올린다.

번 아웃 상태를 경험한 사람들에 따르면, 일단 완전히 방전되면 원래 상태로 돌아가기가 어려웠다고 한다. 우리 마음은 한계에 이르기 전까지는 적절한 위안과 휴식, 소통이 있으면 회복된다. 그러나 일단 한계를 넘어서면 깨진 유리병처럼 다시 원래 상태로 돌아오기 어렵다. 한계에 다다르기 전에 미리 마음 상태를 살펴야 한다.

생각 모드 전환하는 리추얼

> 1) 휴식 모드로 전환하는 리추얼을 만들자.
> 2) 새로운 몰입을 통해 일을 잊는다.

나는 퇴근하자마자 30~40분 정도 조깅한다. 비 오는 날은 노동으로 운동을 대신한다. 설거지나 청소 등 집안일로 머리를 비운다. 나는 일단 몸을 움직여야 뇌가 모드 전환을 한다. 몸을 움직이는 것이 퇴근 모드의 리추얼이 되었다.

교회에서는 예배할 때 일정한 형식을 따른다. 찬송가를 부르고, 주기도문을 외운다. 대표자가 시작 기도를 드린다. 이러한 일정한 의식을 '리추얼'이라고 부른다. 이 의식은 우리의 마음에 '이제 잡념을 떨치고 예배에 집중할 시간이야.'라는 메시지를 보낸다.

불교에서 리추얼은 몸을 움직이게 한다. 우리나라의 많은 사찰이 산

속에 있다. 산을 오르며 초목을 지나는 시간 동안 우리는 속세에서의 고뇌를 잠시 내려놓는다. 사찰에 다다를 때쯤에는 마음이 매우 정제된 상태에 이른다. 고뇌와 잡념에서 벗어난 것만으로도 진리에 가까워진다.

일에서 휴식 모드로 바꾸는 당신의 리추얼은 무엇인가? 운동, 산책, 차 마시기, 명언 읽기…. 나에게 잘 맞는 리추얼을 선택하자. 그것을 통해 업무 모드 스위치를 꺼보자.

리추얼을 통해 주의를 환기한 후에는 본격적으로 '쉼'을 추구한다. 넷플릭스나 유튜브에 빠져 시간을 보내면서 이를 휴식이라고 생각하는 사람이 있다. 아무것도 안 하는 시간이라고 생각한다. 물론 잡념은 줄어들 수 있다. 하지만 이것을 온전한 휴식이라고 부를 수 있을까? 오히려 수면 부족 상태가 되지는 않았는가? 종일 영상 콘텐츠에 빠져있던 날을 떠올려보자. 하루를 알차게 보냈다는 생각이 드는가? 아니다. 한두 시간만 보려고 했다가 날 샜다는 사실에 후회한 날이 더 많을 것이다.

우리는 노동 예찬 사회를 살아간다. 취업률은 높을수록 좋은 것이고, 일하지 않는 사람을 비난한다. 이런 풍토가 '쉬는 시간'을 '일하는 시간'과 반대 개념으로 생각하게 하는 경향이 있다. '쉼'이란 아무것도 하지 않는 상태 또는 일을 위해 에너지를 충전하는 시간으로 간주한다. 과연 이것으로 진정한 휴식이 될 수 있을까? 물론 충분한 수면과 몸을 쉬게 하는 것도 반드시 필요하다. 그렇게 에너지 충전을 하는 사람도 많다. 하지만 좀 더 능동적인 방법으로 휴식과 에너지 충전을 할 수는 없을까?

자전거 타기, 조깅, 수영, 클라이밍, 등산 등 스포츠는 즐거운 몰입이자 에너지 충전의 좋은 예라고 생각한다. 노래, 악기 연주, 그림 그리기, 미술관 관람 등 예술 활동은 인간이 쉽게 행복을 느낄 수 있게 한다고 한다. 식물 가꾸고 숲에 가는 자연 친화 활동은 어떨까?

의도적인 휴식 만드는 테크닉

1) 정해진 시간이 지나면 반드시 쉬는 포모도로 테크닉.
2) 기록하고 잊어버리는 메모 기술.
3) 피곤해지기 전에 의도적으로 쉬기.

안타깝게도 어떤 사람은 일 걱정에서 쉽사리 빠져나오지 못한다. 이럴 때 사용하면 좋은 두 가지 방법이 있다. 여러 사람이 시도해보고 그 효과를 검증했다. 일의 무게에 짓눌려 있다면 한번 시도해보자.

포모도로pomodoro 기법은 이탈리아 컨설턴트가 제안한 방법이다. 포모도로는 이탈리아어로 토마토라는 뜻으로, 토마토 모양의 주방용 타이머를 사용한 데서 이름이 유래했다. 구글은 생산성을 높이기 위해 포모도로 테크닉을 직원들에게 제안했다. 그래서 '구글 타이머'라는 이름으로 유명하다. 방법은 아주 간단하다. 25~30분 정도 집중하는 시간을 정하고 그 시간이 끝나면 반드시 휴식한다. 의도적으로 마감 시간을 정해서 단시간에 몰입도를 높인다.

'메모'도 머릿속을 비우는 데 도움이 된다. 메모하는 행동 자체가 몰입의 리추얼이 된다. 게다가 메모하고 나면 더는 그 정보를 기억하려 애쓸 필요가 없다. 인지해야 한다는 부담감에서 벗어난다.

'자이가르닉 효과Zeigarnik Effect'는 앞선 일을 제대로 마무리하지 않으면 다른 일을 할 때 관련된 생각이 계속 떠오르는 현상을 뜻하는 심리학 용어다. 자꾸 앞선 업무 걱정이 떠올라 현재 일에 집중하기 어려운가? 메모를 활용해 이전 일과 관련한 기억을 차단해보자. 자신의 뇌에 그 일은 기억할 필요 없다는 암시를 보내는 행동이다.

이는 '계획적인 업무 차단과 휴식'을 두라는 의미다. 일에만 계획과 점검이 필요한 것은 아니다. 이제 휴식도 의도적으로 계획을 세워 제대로 쉬고 있는지 점검해야 하는 때가 되었다.

'일하는 시간은 성실성과 통한다. 더 오래 앉아 있을수록 성실한 것이고 성과도 높을 것이다.' 일의 내용과 구조가 단순했던 때에는 이런 가정이 통했다. 창의적 대안이 중요한 시대에 무조건 투입 시간을 늘리는 건 무모한 행동이다. 건강을 해치고 번아웃에 빠져 정작 중요한 때 제대로 에너지를 쓸 수 없을지 모른다.

06 | 동료, 타 부서와 협업하기

협업을 위해서는 첫째도 배려, 둘째도 배려다. 서로 다른 부서에서 전혀 다른 역할을 하다 보니 갈등이 생긴다. 갈등은 각자 '일하는 원칙'이 달라서 발생한다. 서로 속한 조직의 목표가 다르고, 최종 고객도 다르다. 같은 회사 직원이라 해도 역할이 다르면 원칙도 다르다. 비용 절감을 신앙처럼 여기는 팀이 있는가 하면, 성과만 난다면 비용은 얼마든지 써도 된다는 원칙을 가진 팀도 있다. 이들이 함께 모여서 일하려고 하면 잡음이 끊이지 않는다.

하나의 안으로 찬성인지 반대인지 물으면 접점을 찾기 어렵다. 영업지원팀과 준법감시팀이 프로젝트를 함께 진행하기로 했다. 영업지원팀은 최대한 절차를 간소화해서 빠른 결과가 나오길 바란다. 반면에 준법감시팀원은 빠른 처리보다는 법률 리스크를 피하는 게 더 중요하다. 이러한 상황에서 속도와 매출만 강조하면 논의는 끝없는 평행선을 그리게 된다.

상대방 입장에서 다양한 대안을 고민하자

1) 협업은 상호 배려가 밑바탕이 되어야 잘 진행된다.
2) 서로의 입장을 모두 고려해 다양한 대안을 찾자.
3) 누구나 '중요한 사람으로 인정받고 싶은 욕구'가 있다.

협업을 통한 의사결정의 첫걸음은 풍부한 대안을 제시하는 것이다. 하나의 완벽한 대안을 찾기보다는 내 목표에는 조금 부족해도 여러 요소를 고려해 다양한 대안을 준비한다. 그러면 협업하는 동료가 그중 가장 합리적인 대안을 고를 수 있다. 만일 준비한 대안 중에 합의점에 이를 수 있는 답이 없다면 해결안을 '장기'와 '단기'로 나누어본다. '단기'에는 상대방이 원하는 방안을 채택하되, '장기'에는 우리가 희망하는 해결안을 실행하기 위한 협조를 얻어내는 식이다.

몇 가지 의문이 생긴다. 시간도 체력도 한계가 있다. 이렇게 여러 가지를 고려하고 상대의 입장 다 배려하면 일이 진행될 수 있을까? 상대에게 맞추느라 정작 내 일은 언제 하라는 말인가?

우선, 배려는 소통 방법이나 협력의 룰을 정할 때 실천하면 된다. 상대가 해야 할 업무 역할에 대해서는 명확하게 요구하자. 절대로 업무 요청을 축소하거나 요청 자체를 꺼려서는 안 된다. '다른 사람에게 부탁하기 귀찮고 신경 쓸 것도 많으니 그냥 내가 해버리지 뭐.' 이런 방식으로는 일만 늘어난다.

우리는 누구나 '중요한 사람으로 인정받고 싶은 욕구'가 있다. 함께 일하는 동료도 마찬가지다. 동료의 아이디어는 적극적으로 받아들이자. 일이 끝나고 결과가 나오면 그가 중요한 역할을 했다고 전달하자. 동료에게 성과가 모두 돌아갈까 봐 걱정하지 않아도 된다. 한두 번은 그럴 수 있지만, 내가 협업에서 핵심적인 역할을 했다면 그게 다 내 실력으로 남는다.

도움 요청하는 방법

1) 부탁이 아닌 제안을 한다.
2) 만 원이 필요해도 천 원부터 시작한다.
3) 분명한 이유와 목적을 밝힌다.

협업할 때 누군가는 일을 '요청'하고 누군가는 '끌리는 제안'을 한다. 그렇다면 '끌리는 제안'은 어떻게 할까? 해야 하는 일 자체는 변하지 않으므로 일하는 의미를 재해석하자. 무슨 일이든 어떤 눈으로 보느냐에 따라 달라 보인다. 일에 적절한 의미를 담는 것이다.

회사의 직무 분석 컨설팅을 위해 각 부서에서 일 잘하는 사람들을 모아 장시간 인터뷰해야 했다. 참여자는 인터뷰에 응하는 일 자체를 썩 달가워하지 않았다. 우리는 '직무 분석 프로젝트의 모델로 뽑혔다는 것만으로도 잠재적인 핵심 인력'이라며 의미를 부여한 후 참가자를 설득했다.

의미를 담아 제안했는데도 자기 생각을 쉽게 바꾸지 않는 동료도 있다. 그들에게는 '문지방에 한 발 들여놓기 전략'을 사용해보자. 《설득의 심리학》에서는 우선 아주 적은 금액을 기부하도록 하고, 나중에 더 큰 금액을 요청하면 성공 가능성이 크다고 했다. 만 원이 필요하다면 천 원부터 먼저 부탁하자. 자신이 어떤 식으로든 관계가 있는 일이라고 하면 더 응원하고 지지하고자 하는 심리가 생긴다.

보통은 이와 반대로 부탁한다. 힘든 일부터 부탁했다가 거절당하면 사소한 일이라도 해달라고 한다. '처음 부탁했던 일보다 작은 것이니 쉽게 들어주겠지'라고 생각하지만, 상대는 거절할 확률이 더 높다.

상대를 어느 정도 설득한 후 일을 맡길 때는 분명한 목적과 이유, 마감 시한을 전달한다. 의외로 '왜 이것을 해야 하는지' 전달하지 않는 사람이 많다. 정황상 상대방이 알 거라고 지레짐작한다. 어차피 회사일인데 해야 하는 이유까지 일일이 설명해야 하느냐고 되묻는 사람도 있다.

목적을 공유하면 상대도 의도를 이해하고 도와주려는 의욕이 높아진다. 간혹 의사결정이 필요하거나, 업무 내용이 바뀌는 경우가 생긴다. 이럴 때 업무의 목적을 알면 상대가 이를 참작하여 먼저 결정하고 나중에 상의할 수 있으므로 일 처리 속도가 빨라진다. 그렇지 않으면 결정을 위해 일일이 나에게 물어보아야 한다.

기록과 시각화로 이견을 좁힌다

1) 결정 사항, 소통한 내용은 기록을 통해 명확하게 한다.
2) 시각화로 생각의 틈새를 줄인다.

기억에는 오류가 많다. 한참 회의하고 전부 다 결정한 것처럼 보여도 다시 점검해보면 서로 전혀 다르게 받아들이고 있어 깜짝 놀라는 때가 있다. 말로 하는 소통은 대화 당시에도 서로 다르게 이해하고 시간이 지난 후 기억하는 내용도 차이가 생긴다. 여러 사람이 모여 일할 때는 반드시 기록을 통해 이해한 내용이 서로 일치하는지 확인하자.

회의가 끝나면 회의록을 작성하여 메일로 공유한다. 회의의 주요 내용, 요청사항, 타임 로드맵, 업무별 권한과 책임 등을 기록한다. 다만 회의록 양식에 따라 시간을 들여 작성할 필요는 없다. 프로젝트에 참여한 사람들이 확인하고 기억할 수 있는 정도라면 어떤 방식도 괜찮다. 메일에 간단하게 내용을 기록해도 좋고, 메신저를 사용해도 좋다.

업무 요청 시에는 요청 사유나 배경, 마감 시한, 중요도, 참고 자료 등을 충분히 전달하는 편이 좋다. 꽤 귀찮고 번거로운 작업이지만, 반복 전달을 줄이기 위해 한 번에 자세히 기록하여 전달하는 게 낫다.

협의 사항을 기록하는 것 외에도 원활한 협업을 위해 말로 묘사하는 것들을 시각화해서 볼 수 있도록 한다. 시스템을 개발한다면 구축될 화면 구성, 사용자 인터페이스 등을 그림으로 그려서 공유한다. 키노트, 파워포인트, 포토샵 등을 사용하면 좋지만 그 정도 노력을 투입할 일이 아니라면 종이에 손으로 그리는 방식도 괜찮다.

일하는 절차, 과정도 업무 프로세스 맵의 형태로 도식화한다. 서로 일정을 맞추는 것이 중요하다면 스마트폰 캘린더, 스케줄러 애플리케이션을 통해 타임 테이블을 만들고 나누면 좋다. 내 경험상 말로는 아무리 많은 정보를 주고받았어도 꽤 불완전하다. 시각화된 자료를 한 번 보는 것이 더 잘 기억한다.

프로젝트를 운영한다면 프로젝트 상황판을 만들자. 상황판에는 보통 두 가지를 표시한다. 프로젝트 진행도와 KPI Key Performance Indicator 실적 집계다. 구성원들에게 현재 우리 프로젝트가 어느 정도 진행되고 있고, 진도가 늦은 것은 아닌지 목표는 얼마만큼 달성하고 있는지 수시로 보여준다. 그래야 프로젝트팀의 속도에 구성원이 일하는 속도를 맞춘다. 성과가 부족하면 더 분발할 수 있다.

07 | 때때로 리스크를 감수하는 용기

영수 과장은 '실패 위험이 있는 일은 맡을 필요가 없다'라고 생각하는 사람이었다. 팀장이 업무를 맡기려 하면 요리조리 피해 다니기 바빴다.

"관리자 리더십 교육은 김 대리가 하고 싶어 하는 것 같습니다."
"제가 지금은 지점 경영 매뉴얼 제작으로 바빠서요. 이 일은 다른 사람에게 맡기시면 안 될까요? 제가 조금만 여유가 있어도 할 텐데요. 허허, 이것참….."

그러면서도 성과가 쉽게 나오는 일은 본인이 가로채곤 했다. 또 술자리나 골프 모임을 쫓아다니며 상사의 비위를 맞추려 애썼다. 직원들은 사내 정치에만 몰두하는 영수 과장이 좋게 평가받을 리 없다고 생각했다. 그런데 영수 과장이 다른 사람보다 먼저 차장으로 승진하자 모두가 허탈함을 감추지 못했다.

'역시, 리스크 있는 일을 맡기보다 안전한 일만 하며 사내 정치나 하는 사람이 더 인정받는구나!'

리스크 있는 일의 의미

1) 안전한 일만 하려는 상사와 선배에게 질렸는가?
2) 조직 내 두 가지 전략 : 무조건 생존 or 도전과 성장.

실패 위험이 조금이라도 있는 일은 맡지 않으려는 사람이 있다. 이런 사람은 동료들이 제일 먼저 알아본다. 특히 후배들은 이런 선배와 함께 일하기 꺼린다. 이런 선배들이 평가를 잘 받고 빨리 승진하면 구성원 전체 사기가 떨어진다. 짧게 보면 성과가 날 일만 하는 사람이 돋보이는 것처럼 보인다.

길게 보면 위험 회피형 직원은 반드시 본색이 드러난다. 어느 팀이든 반드시 한 번은 어려운 과제를 맡기 마련이다. 팀장은 이런 어려운 과제를 해내는 팀원에게 의지할 수밖에 없다. 늘 적당한 일로 능력 있는 것처럼 보였던 영수 과장 같은 팀원은 어려운 상황에서 쓸모없는 사람이라는 사실이 드러난다.

내가 지켜본 선배들은 두 개 전략 중 하나를 선택했다. 하나는 '무조건 생존', 다른 하나는 '도전과 성장'. 얼핏 들으면 누구나 도전과 성장을 택할 것처럼 보인다. 실제로는 생존을 최고 덕목으로 내세우는 사람이 적지 않다. 이들은 생존의 가치를 이렇게 합리화한다. "강한 자가 살아남는 것이 아니라 살아남는 자가 강한 것이다."

생존 전략을 택한 사람은 승진과 높은 연봉이 승리를 상징한다는 생각의 틀에 갇혀 있다. '자리'나 '금전적 보상'이 곧 생존을 담보해주는 증거라고 여긴다. 승진이나 인사평가는 경쟁이 불가피하다. 따라서 이들은 매사를 경쟁으로 여긴다. 남을 이기는 것이 우선이므로 어떻게든 경쟁자를 끌어내리고 자신의 이익을 쟁취하려 한다.

'성장' 프레임을 가진 사람은 자신만의 성장 목표가 있다. 자기 직무에서 전문가가 되겠다거나 리더가 되어 원하는 팀을 만들어보겠다는 목표다. 목표 도달이 중요하므로 경쟁자보다 자신에게 시선이 머문다. 목표를 달성하는 과정에서 경쟁은 피할 수 없다. 하지만 이들에게 경쟁은 어디까지나 과정일 뿐 경쟁 자체가 목적은 아니다.

생존하려는 사람은 무조건 안전한 일만 선택하려고 한다. 실패는 곧 경쟁자에게 자신의 약점을 보이는 꼴이라 여긴다. 어차피 상대보다 점수가 높기만 하면 승리하는 게임이니 실점을 피하려 한다. 이들의 생존 욕구 자체가 나쁜 것은 아니다. 다만 다른 요소를 통해 경쟁하려는 것이 문제다. 누군가는 일에 몰입할 때 회식이나 골프에 더 열을 올리고, 상사를 하늘처럼 모시는 모습을 보인다. 일에만 충실한 사람은 아무리 열심히 일해도 사내 정치하는 사람에 비해 불리하게 평가받을 수 있다는 생각이 들고, '공정성'에 의문이 생긴다.

안전하다고 느끼면서 통제할 수 있는 범위 안에서만 일하고 싶은 마음은 누구에게나 있다. 잘할 수 있는 수준의 일만 받아 완성하면 불안하지 않아서 좋다. 그러나 편한 만큼 성장 속도는 느려진다.

일을 배우는 단계에서는 누구나 실수할 수 있다. 요즘 연차가 낮은 사람들은 유독 실수를 두려워한다. 다들 회사 밖에서 다양한 수업을 듣고 온다. 회사에 처음 들어온 단계에도 어느 정도는 일을 익힌 상태다. 수업에서 배운 덕분에 실수 없이 일이 진행되기도 한다. 몇 번 이런 일이 반복되면 '나는 이미 완성된 사람'이라고 생각한다. 오히려 이때가 위험하다. 한 번 실수가 생기면 크게 무너진다.

업무에 투입된 지 얼마 안 된 시기에는 실수할 수밖에 없다. 연차가 낮을 때는 위험을 무릅썼다 실패해도 되는 특권이 있다. 실패를 피하려고 하기보다 다양하게 시도해서 충분히 실패 경험을 쌓는 편이 좋다. 전문가는 지식을 가진 사람이 아니라 다양한 사례를 경험한 사람이다. 뜻하지 않은 상황이 생겨도 '제가 해본 경험이 있습니다'라고 말할 수 있다면 일 잘하는 사람으로 제대로 대접받는다.

좋은 실패와 나쁜 실패

1) 새롭게 시도하거나 탐색하려는 의도였다면 좋은 실패.
2) 잘못된 의사결정 방식이나 부주의로 인한 실수는 나쁜 실패.

리스크에 필연처럼 뒤따르는 실패의 두려움을 조금이라도 덜어낼 방법은 없을까? 우선 내가 저지른 일이 어떤 실패인지 정확히 알아야 한다. 실패를 구분할 수 있게 되었다면 실패 대응 전략을 세운다. 실패에 체계적으로 대응할 준비가 되면 실패 앞에서 몸이 움츠러드는 것을 막을 수 있다. 리스크가 큰 일이라도 내가 먼저 손들 수 있다.

실패를 구분하는 방법부터 알아보자. 우리는 무조건 실패를 나쁜 것으로 간주하고 피하려고 하지만, 실제로는 좋은 실패와 나쁜 실패가 있다. 좋은 실패는 두려워할 필요가 없다. 시도가 늘면서 실패가 뒤따를 수밖에 없다면 좋은 실패가 늘어나도록 하면 된다.

실패를 거울삼아 성공의 실마리를 찾을 수 있다면 '좋은 실패'가 된다. 기업에서 필수 사용 프로그램이 된 엑셀 사례를 통해 좋은 실패를 살펴보자.

사실 엑셀은 마이크로소프트의 실패작이었다. 당시 스프레드시트 프로그램 시장은 '로터스 1-2-3' 프로그램이 주력 시장인 IBM PC 계열을 완전히 장악하고 있었다. 마이크로소프트는 IBM PC 시장 경쟁에서 실패하고 틈새시장인 매킨토시용으로 엑셀을 출시했다. 매킨토시 컴퓨터는 아이콘을 클릭하는 그래픽 운영 체제를 사용했으므로 엑셀도 이에 맞춰 사용자 인터페이스를 개발할 수밖에 없었다. 이후 유사한 그래픽 운영 체제인 '윈도'가 자리 잡으면서 엑셀 판매가 폭발적으로 늘게 된다. 만일 IBM 시장 진입 실패라는 '좋은 실패'가 없었다면 지금과 같은 엑셀 프로그램의 위상은 없을 것이다.

반면, 단순한 부주의로 인해 생기는 실패는 나쁜 실패에 해당한다. 정보나 조언이 충분했음에도 귀담아듣지 않아서 잘못된 결정을 했다면, 그것 또한 나쁜 실패다. 나쁜 실패는 크건 작건 다시는 반복하지 않도록 해야 한다.

실패를 학습 기회로 만들자

1) 창의적인 일 = 리스크가 큰 일이다.
2) 실패를 기록하자. 실패를 대하는 나만의 기준도 도움이 된다.

최근 기업 문화에서 핵심이 되는 키워드는 바로 '창의력'이다. 창의력은 10퍼센트나 20퍼센트의 개선이 아닌, 100퍼센트, 1000퍼센트 성장할 수 있도록 작동한다.

창의적인 일일수록 리스크가 크다. 기업들은 창의력을 부르짖지만, 직원으로서는 실패 위험 때문에 마냥 창의적일 수만은 없다. 우리나라는 선진국의 빠른 모방자로서 품질 수준을 높이고 효율적으로 제품을 만들면서 성장했다. 아직도 기업 문화 곳곳에는 효율성을 추구하는 문화가 남아있다. 불량품을 줄이고, 서비스 완성도를 높이는 데 경영 전략의 초점을 맞춘다. 이런 상황에서 실패를 금기시하는 문화가 여전히 뿌리 깊게 남아있다.

창의적인 사람이 되려면 실패에 당당히 맞서야 한다. 실패를 불가피한 과정으로 여기고 실패의 원인을 찾아 더 큰 성공을 위한 발판으로 만든다. 배는 항구에 있을 때 가장 안전하지만, 항구에 정박하기 위해 만든 것은 아니다.

실패를 통해 배우려면 실패 기록 남기기를 시도해보자. 실패는 학습하고 성장할 절호의 기회를 준다. 실패했을 때의 쓸쓸한 감정보다 실패에서 얻는 교훈을 상기하고 기록하자.

실패 기록을 축적해두면 데이터가 된다. 우영 과장은 15년째 일기를 쓴다. 잘못 보낸 하루를 기록해 같은 실수를 반복하지 않기 위해 일기를 쓴다. 오답 노트를 만들어두지 않은 학생은 비슷한 문제를 또 틀린다. 실패 기록은 오답 노트처럼 같은 실패를 막는 것은 물론, 실패의 교훈을 축적하도록 돕는다.

'일한다는 것은 끊임없이 떠오르는 문제를 처리하는 과정'이라고 믿는 CEO가 있었다. 그는 조직에서 문제란 늘 발생하는 당연한 것으로 간주했다. 어떤 어려운 상황에서도 '긍정적인 시각'만 가지면 탈출구를 찾을 수 있다고 믿는 임원이 있었다. 이들 모두 실패를 금세 극복하고 원하는 것을 얻을 수 있었다.

08 | 현장에서 답을 찾는 기민함

조직의 문제는 단 하나의 원인만 해결하면 끝나는 예가 드물다. 여러 가지 원인이 얽히고설켜 있다. 호박 넝쿨을 실제로 보고 참 지저분한 식물이라는 느낌이 들었다. 한 가지에 호박과 줄기, 이파리, 잔가지 등이 복잡하게 얽혀있다. 일하면서 마주하는 문제는 호박 넝쿨처럼 여러 원인이 뒤섞여 있다.

문제와 그 원인을 모두 발라내 하나하나 해결책을 세우려 하니 끝이 없어 보인다. 단번에 문제가 해결될 핵심 원인을 한두 가지만 골라낼 수 있다면 얼마나 좋을까?

열쇠는 늘 현장에 있다

1) 때로는 복잡하게 얽힌 문제와 마주친다.
2) 현장에는 통찰력 있는 사람과 해답이 반드시 있다.

매출이나 이익이 나빠지면 리더는 원인을 찾으라고 지시한다. 한 가지 명확한 원인이 있으면 금방 분석해서 보고하면 쉽게 일이 끝난다. 상황이 그렇게 단순하다면 기업들이 지금처럼 막대한 데이터를 수집, 축적하고 그걸 분석하려 애쓸 이유가 없다. 기업들이 수백억 원 드는 데이터 센터를 만들고 수십 명의 분석팀을 운영하는 것은 그만큼 문제의 핵심을 파악하기 어렵다는 뜻이다.

그런데 이렇게 상황이 어렵고 복잡한 때일수록 답을 가진 사람은 따로 있다. 신기하게 답은 데이터가 아닌 사람이 더 잘 안다. 다만, 경영진은 언제나 근거를 요구하므로 어렴풋이 답을 알아도 논리적인 설명을 위해서는 데이터를 뒷받침해야 한다.
답을 대충 짐작하고 데이터로 증명하는 과정이라면 오히려 해결이 쉽다. 반대로 답을 전혀 짐작하지 못하는 상황에서 데이터만으로 실마리를 찾으려면 무수한 데이터와 분석가가 필요하다. 즉, 분석을 빠르고 간단하게 만드는 열쇠는 대개 '사람'에게 있다.

열쇠를 가진 사람은 늘 현장에 있다. 전황은 최전선에서 총칼을 맞대고 있는 병사가 잘 안다. 현장에서만 느낄 수 있는 정보는 가치가 높을 때가 많다. 그러니 기획자라면 반드시 현장을 방문해보거나, 현장 사람의 의견을 들어보자.

킹핀을 공략하자

1) 모든 문제를 해결하려고 애쓰기보다 '킹핀'을 찾는 편이 좋다.
2) 킹핀은 현장에 있다. 현장에 집중해보자.

볼링에서 스트라이크를 치려면 반드시 5번 핀이 넘어가야 한다. 아무리 핀을 여러 개 쓰러트려도 5번 핀이 넘어가지 않으면 스트라이크를 할 수 없다. 반대로 5번 핀을 잘 맞히면 이 핀이 연쇄작용을 일으켜 다른 핀을 전부 쓰러뜨린다. 볼링 말고도 문제의 핵심 대안을 '킹핀'이라고 부른다.

복잡한 문제를 푸는 건 이 킹핀을 찾는 게임이다. 문제의 원인을 모두 밝히려고 오랜 시간에 걸쳐 무수한 데이터를 분석해본다. 이렇게 문제를 늘어놓고 봐도 해결은 요원하다. 일단 문제의 원인이 간단치 않다. 게다가 문제점들은 서로 얽혀있어서 처리 과정에서 어떤 역효과가 나타날지 짐작하기 어렵다.

매출 하락은 상품이 소비자의 기호를 따라가지 못한 것일 수도 있지만, 마케팅이 부족해서일 수도 있다. 경쟁자가 더 좋은 상품과 서비스를 내놓은 것이 원인일 때도 있다. 간혹 더 좋은 신상품이 출시되면서 기존 상품의 시장 점유율을 잠식한다. 채용 단계에서 지원자를 서운하게 만든 일이 언론에 공표되면서 회사 이미지가 손상되기도 한다.

이렇게 복잡한 상황에서는 모든 문제를 다 풀기 위해 진을 빼기보다는 킹핀을 찾는 것이 빠르다. 킹핀만 잘 찾으면 복잡해 보이던 문제가 한꺼번에 풀린다. 야심 차게 만든 '창의적인 기업 문화 만들기' 교육 프로그램을 전 직원 대상으로 운영했다. 그런데 일부 직원을 대상으로 운영한 1~2차 과정에서 갖가지 불만이 터져 나왔다.

'교육생을 배려하는 마음이 없다.', '팀별 수행과제가 난해하다.', '교육 목적이 무엇인지 모르겠다.' 이 의견만으로는 문제가 무엇인지 짐작하기 어려웠다. 연수원을 방문해보니 서로 다른 부서에서 모인 교육생들 사이에 어색한 분위기가 흘렀다. 서로 가까워질 시간이 부족했다는 느낌을 받았다. 이후 과정 초반 친밀감을 쌓을 수 있는 액티비티를 포함했다. 팀별로 같이 식사할 수 있는 과정도 포함시켰다. 그랬더니 언제 그랬냐는 듯 불만이 사그라들었다.

우리 뇌는 아주 잘 설계된 '예측 기계'다. 데이터가 부족한 상태에서도 미래를 예측하는 능력을 보여준다. 사람은 다리나 꼬리 모양만 보고도 어떤 동물인지 쉽게 예측한다. 반면에 인공지능은 일부를 가지고 어떤 동물인지 맞히려면 어마어마한 데이터가 필요하다. AI가 방대한 데이터를 기반으로 빠르게 성장하고 있지만 아직은 인간과 같은 수준의 수행은 불가능하다.

현장에서 일하는 사람들은 분석하지 않아도 문제의 원인을 어렴풋이 안다. 인간의 뇌는 컴퓨터처럼 데이터를 분석하는 데는 능숙하지 않지만, 전체를 하나의 덩어리로 보고 통찰력을 발휘하는 데는 능하다. 현장 사람들은 이걸 '뭔가 잘못된 느낌', '꽉 막혀있는 느낌'과 같은 형태로 표현한다. 신기하게도 이런 지적은 딱 들어맞곤 한다.

가장 좋은 배움 장소는 현장

> 1) 실행력이 생기려면 현장을 알아야 한다.
> 2) 현장 사람의 마음을 읽고 현장을 배우려는 열린 마음을 가질 것.

회사에서는 수많은 기획서가 만들어진다. 그중 많은 기획이 실행으로 연결되지 않고 사라진다. 기획이 실행력을 발휘하지 못하는 것은 현장의 상황을 고려하지 않았기 때문이다. 현장의 특성과 상황에 맞는 딱 들어맞는 기획이 나와야 실행력이 높아지는데 '관리자 역량 강화', '영업 지원 활성화' 같은 뻔한 해결책만 나온다.

현장 경험이 있어 상황을 잘 안다면 좋겠지만, 모두가 현장을 경험할 수 있는 것은 아니다. 또한 과거에 현장을 잘 알았더라도 현장을 떠난 뒤 시간이 흐르면 감각이 떨어진다.

현장에서 나온 의견을 바탕으로 기획한다. 더 좋은 것은 시간을 내서 현장을 방문해보고 직접 눈으로 확인하는 것이다. 현장이 멀거나, 일일이 확인할 시간이 부족할 때는 현장 사람의 의견을 들어본다. 솔직한 의견을 들을 수 있도록 현장에 조언해줄 사람을 만들고, 조언을 기획에 반영하는 프로세스를 만들자.

일 배우기 좋은 장소 또한 현장이다. 세미나, 강의, 자료를 통해 배우는 데에는 한계가 있다. 표준화된 지식을 빠르게 얻기에는 효과적이지만 실제 실행에도 적용할 수 있는 경험과 통찰은 배우기 어렵다.

노사 관계는 노사가 대립하는 현장에서만 배울 수 있다. 단순히 서로 반목하고 대립하는 것처럼 보이지만 노동자 측과 사용자 측 모두가 나름대로 전략이 있다. 각자가 전략에 의해 계획대로 움직인다. 그 치밀한 전략과 미묘한 분위기는 노무 현장에서 배우는 것이 효과적이다. 회사가 세일즈맨의 역량 향상을 위해 다양한 교육을 제공하지만, 고객과의 대면 상황에서 실제 필요한 능력은 고객과 자주 만나봐야 향상된다.

09 동료, 후배와 함께 성장하기

과거에는 사수와 부사수 개념이 있어서 사수는 부사의 육성 책임을 맡았다. 수평적인 문화가 퍼지면서 이제는 사수 개념이 희미해졌다. 도제식 선후배 육성 문화는 강압적인 측면이 많았고, 비효율적인 학습 방식 때문에 부작용도 있었다. 지금이라도 수평적인 문화가 확산하고 평등한 동료 관계가 만들어진 것이 다행이라고 생각한다.

안타까운 점은 선후배 육성 문화의 마땅한 대안을 찾지 못했다는 것이다. 개인에게 후배 육성은 당장 구미가 당기지 않는 일이다. 나도 주니어 시절을 겪었으니 도와주고 싶은 마음은 있어도 누굴 가르칠 만큼 한가하지 않다. 후배를 가르치지 않는다고 당장 큰일이 벌어지는 것도 아니다. 후배 육성은 우선순위에서 밀리고, 후배들은 혼자 좌충우돌, 고군분투하다가 회사를 떠난다.

일부러 가르치지 않아도 후배가 배울 수 있다

> 1) 함께 일하며 관점을 나누는 것이 배움이다.
> 2) 회사에서 따로 가르치지 않아도 배움은 있다.

어떻게 하면 조직 내에서 빠르고 효과적으로 학습이 이루어지게 할 수 있을까? 초보들은 눈앞의 일을 처리하는 방법만 배우려 든다. 성장하려면 일하는 방법에 초점을 맞추어서는 안 된다. '일을 바라보는 관점'을 습득하는 편이 더 도움이 된다. 업무를 보는 관점에 따라 빨리 배우기도 하고 배움이 늦어지기도 한다.

업무 내용을 조각조각 끊어서 보면 그냥 단순한 과업의 나열로 보인다. 전체 흐름이 그려질 리 없고, 일하는 체계가 몸에 배기 쉽지 않다. 업무를 통해 성장하려는 사람은 일이 아니라 사람 그리고 그 사람의 관점을 이해한다. 일할 때 선배의 의식 흐름을 읽을 줄 알아야 한다. 선배가 누구를 염두에 두고 어떤 생각을 하며 업무를 처리하고 있는지 자세히 관찰한다. 이렇게 반복해서 이해하고, 읽고, 관찰하다 보면 어느새 선배처럼 전체적인 상황을 파악하며 일하게 된다.

후배를 가르쳐야 한다는 압박감에 시달릴 필요는 없다. 함께 일하면서 관점을 이야기해주고, 생각의 흐름을 드러내주면 된다. 혼잣말하면서 일한다고 생각하면 쉽다. 별도의 시간, 별도의 교육 내용을 만들기 위해 애쓰지 않아도 된다. 어차피 형식적인 교육으로는 빠른 업무 숙달이 어렵다.

후배나 동료를 가르쳐야 한다는 부담감에서 벗어나자. 우리가 할 일은 평소처럼 일하되 '그와 함께' 일하는 것뿐이다. 더욱이 요즘은 업무를 자율적으로 터득하길 원하는 후배가 많다.

후배 육성은 리더십 트레이닝의 한 방법이다

1) 언젠가 후배에게 배워야 할 시기가 온다.
2) 배우고 가르치면 최고의 리더가 된다.

요즘은 시니어보다 주니어가 더 풍부한 지식이 있는 시대다. 물론 시니어에게는 경험에 기반한 통찰이 있다. 경험의 가치를 낮게 평가해서는 안 된다. 하지만 그 경험이 계속 통하는 분야와 새로운 지식으로 대체되는 분야는 따로 있다. 현재로서는 어떤 직무가 경험에 의존할지 새로운 지식에 의존할지 알 수 없다.

머지않아 후배에게 배워야 할 때가 온다. 지금은 후배보다 먼저 경험한 노하우가 있다. 그걸 바탕으로 상대적인 우위에 있다고 생각할지 모른다. 이럴 때 후배에게 적극 가르치고 베푸는 모습을 보여야 한다. 후배와 '학습 관계'를 쌓는 것이 중요하다. 그래야 후배의 새로운 지식이 더 필요한 업무를 진행할 때 도움받을 수 있다.

배우고 가르치는 관계에서 서로 정서적 유대감이 생긴다. 스트레스에도 직장 생활을 이어가게 해주는 힘은 '동료와의 유대감'이다. 자주 얼굴 본다고 유대감이 생길까? 꼭 그렇지는 않다. 매일 점심 먹고 빈번하게 술자리를 갖는데도 유대감 부족한 팀이 많다. 반대로 특별히 회식 같은 이벤트 없이도 유대감이 잘 형성되는 팀이 있다. 이런 팀은 협력과 학습 관계로 굳게 연결된 사례가 많다. 배움으로 이어지는 리더와 구성원의 관계는 아주 끈끈하다.

조직의 특성상 위로 올라갈수록 외로워진다. 리더십 책에서는 다정다감하고 인격이 고매한 리더를 이상적으로 묘사한다. 안타깝게도 실제 일터에 그런 리더는 없다. 리더는 없고 관리자만 있다. 내 생살여탈권을 쥔 사람, 나를 평가하는 사람, 나를 감시하는 사람, 그 사람이 바로 관리자다. 관리자를 가까운 사람으로 대하기는 매우 어렵다.

함께 배우고 성장하도록 돕는 리더는 다르다. 비록 관리자라고 해도 구성원을 성장하게 돕는 팀장 주변에는 사람이 모인다. 리더가 구성원의 성장을 도우면 구성원은 다시 리더의 성장을 돕는다. 스승과 제자가 서로 가르치고 배우면서 함께 성장하는 모습을 중국 5대 경전 중 하나인 《예기》에서는 '교학상장敎學相長'이라고 표현했다.

후배 육성하는 노하우

1) 업무의 목적과 연관된 맥락에 관해 설명해준다.
2) 상세하게 피드백 해준다.
3) 정기적으로 질문 시간을 준다.
4) 열 번 알려준다고 마음먹는다.

첫째, 후배는 '왜 이 일을 해야 하는지 모를 때'와 '이 일이 지금까지 어떻게 진행되었고, 앞으로 어떤 영향을 미칠지 모를 때' 혼란스럽다. 일하는 사람에게는 이 두 가지가 중요한 사항이지만 누구도 명확하게 말해주지 않는다. 일의 목적을 알지 못하고 눈치로 짐작하며 일하는 조직이 많다.

신입사원에게 먼저 맡기는 일 중 하나가 회의록 작성이다. 회의록을 왜 작성해야 하는지 모르면서 묻지 못하고 그냥 작성한다. 그러다 보니 핵심 내용을 빠트리기도 하고, 어떤 사람은 간단한 회의록 작성에 엄청난 시간을 들이기도 한다. 회의록 작성의 목적과 지금까지 진행해온 과정을 알려주면 더 빨리 작성 요령을 배울 수 있다.

"회의록은 참석자들이 회의에서 논의한 결정 사항을 명확히 해주고, 나중에 기억의 오류가 생기는 걸 막아줍니다. 다만 우리 팀에서 작성하는 회의록은 경영과 관련한 중요사항이 아니므로 시간을 최소한으로 들여 빠르게 작성하는 것이 더 중요합니다. 양식은 정해진 것이 없으므로 제가 사용하던 양식을 드릴게요. 더 효과적인 방법이 있다면 제게 말씀하시고 양식을 바꿔서 사용해도 됩니다."

둘째, 후배가 더 나은 성과를 올리도록 하려면 피드백이 중요하다. 우리가 평소 일할 때는 상세한 피드백을 주고받지 않는다. 하지만 후배를 육성할 때는 아주 사소한 것까지 의견을 주어야 업무 보는 시각을 키울 수 있다. '일하는 모습 보여주기'를 위해서도 피드백은 지나치다는 생각이 들 정도로 '어떤 부분이 좋았는지', '어떤 이유로 그렇게 생각했는지', '후배가 한 일의 결과가 어떻게 적용되었는지' 이야기한다.

"첫 회의록을 정성껏 작성해서 고맙습니다. 찬성 의견과 반대 의견을 명확히 정리해서 부서 간 쟁점이 어떤 것인지 잘 알 수 있었어요. 이번 회의 결과를 바탕으로 다음 회의에는 쟁점 사항에 대해 자료를 더 상세하게 만들기로 했습니다."

마지막으로 후배에게 정기적인 질문 시간을 주고 열 번 반복해서 알려준다는 마음으로 임하자. 후배는 선배에게 질문하기 어려운 처지다. 의문이 있어도 표현하지 못하고 넘어가곤 한다. 정기 질문 시간을 통해 이런 의문점을 해소할 수 있다. 게다가 질문을 통해 알게 되는 후배의 어려움을 생각하면서 육성 방법을 개선하는 데 활용할 수 있다. 후배들의 질문은 우리가 일하는 스타일을 개선하는 데에도 도움이 된다. 새로운 시각으로 상황을 바라보는 사람만 낼 수 있는 아이디어를 후배가 떠올릴 수도 있다.

한 교육 컨설턴트는 조직이 변화하려면 '백 번을 반복해서 이야기하는 자세'가 요구된다고 강조했다. 반복해서 전달해도 받아들이는 사람에게는 아주 일부만 닿는다는 말이다. 백 번까지는 아니더라도 열 번 정도는 반복해서 알려주겠다고 마음먹어야 한다. 그러면 '몇 번이나 이야기했는데 왜 기억 못 하지?' 하며 배우는 사람을 탓하려는 마음을 피할 수 있다.

돌아보면 회사라는 공적인 공간에서 만난 것은 같아도 친한 사이로 남은 경우는 서로 가르치고 배운 사이였다. 서로 가르치고 배운 선후배들은 퇴사한 후에도 자주 연락하고 친하게 지낸다.

10 리더십에 관심 두기

학창 시절 국어 과목을 담당하던 담임 선생님은 이렇게 말씀하셨다.

"주말에 놀 생각만 하지 말고, 다음 주, 다음 달에 진도 나갈 내용을 한번 죽 살펴보아라. 내가 어떤 내용을 배울지 알고만 있어도 마음의 여유가 생기고 공부가 더 잘되는 법이다."

너무 이르다고 생각하지 말고 리더십에 대해 꾸준히 관심 두고 준비하면 리더가 되었을 때 여유로워진다. 직급, 직위를 떠나 우리는 언제 어디서든 리더가 되는 순간이 찾아온다.

리더십은 가장 가치 높은 역량이다

1) 주니어는 내 일을 잘하는 전문가에만 관심을 둔다.
2) 조직에서는 리더십이 최고의 역량이다.
3) 결국 위기를 헤쳐나가는 원동력은 리더십이다.

나는 신입사원 때부터 '최고의 업무 전문가'가 되고 싶었다. 팀장이나 리더 자리는 생각해본 적이 없다. 내가 느끼고 생각한 회사의 리더는 '스트레스는 큰데 그만큼 인정받지 못하는 사람'이었다. 팀원은 실패하더라도 책임이 적다. 반면에 본부장이나 팀장은 자기가 다 통제할 수 있는 것도 아닌데 조직의 성과와 실패를 책임진다.

리더가 아닌 전문가가 되기 위해서는 당연히 공부가 중요하다고 생각했다. 공부는 지식을 쌓는 것이었다. '어떤 자격증을 따야 내 업무에서 인정받을 수 있을까?', '30대가 되었는데 야간 대학원에 진학하거나 MBA 과정에 진학해도 될까?' 이 정도가 공부에 대해 동료들과 대화한 내용이다. 이런 공부는 전문가가 되는 코스라기보다는 '스펙 쌓기'라는 사실을 알고 있었다. 하지만 과정을 마치면 이력서에 한 줄 더 쓸 수 있다는 매력을 뿌리치기 어려웠다.

정규 교육 과정을 거치면서 '공부'란 스펙 쌓기와 같은 의미가 되었다. 공부해두면 언젠가는 그 투자를 회수할 수 있을 것이란 막연한 기대가 있었다. 그러다 보니 지식 쌓는 공부에만 치우쳐 실력 성장은 외면하고 있었는지도 모른다.

막상 시니어 직급이 되고 보니, 성공한 분 중에 스펙 쌓기를 한 사람은 거의 없었다. 직급별로 실력을 평가하는 기준이 각기 다르다. 신입사원이나 주니어 직급에서는 스펙이 중요할 수 있다. 일한 경험이 부족하므로 차별화할 수 있는 요소가 지식뿐이기 때문이다. 자격증이나 학력은 지식을 간접적으로 보여주는 효과가 있다.

직급이 높아질수록 단순 지식의 중요성은 급격히 떨어진다. 팀장급 이상이 되면 리더십이 제일 중요한 요소가 된다. 과거에는 40대가 되어야 간신히 팀장이 되는 사람이 많았다. 이제는 20대, 30대에 팀장, 40대 초반에 임원이 된다. 리더십 역량을 요구하는 직급이 더 많아졌다. 반면, 주니어들은 시간이 지나도 리더 역할은 맡기 싫다고 한다. 리더십 역량은 수요는 점점 늘어나지만 공급은 줄어든다.

조직은 왜 리더십에 목말라 할까? 결론부터 이야기하면, 위기일수록 리더십의 중요성이 커지기 때문이다. 경영 환경이 우호적이고 미래가 눈에 보이는 시대, 기업이 쉽게 성장하는 시대에는 리더십이 중요하지 않았다. 위기의 시대일수록 리더십의 가치가 높아진다.

우리나라는 이미 상당수 산업이 성숙기에 들어섰다. 2차 전지, 반도체와 같은 첨단 산업은 중국과 같은 경쟁자가 턱밑까지 추격했다. 마땅한 미래 성장 전략이 불투명한 상황이다. 이런 때일수록 구성원의 열정과 의지를 모아 탈출구를 마련할 수 있는 것은 리더십밖에 없다.

"The best ship in time of crisis is leadership."
위기의 순간일수록 최고의 배ship는 리더십이다.

미국 해군사관학교에서 가르치는 격언이다.

리더 경험을 쌓을 수 있는 일에 도전한다

1) 리더 경험이 스펙보다 중요하다.
2) 리더십은 소프트 스킬이다. 습득에 오랜 시간이 걸린다.

직급이 높아질수록 조직은 경험과 성과로 사람을 평가한다. 그러니 부서나 직무를 선택할 때, 이직을 결심할 때도 의미 있는 경험을 할 수 있는지 여부를 판단 기준으로 삼아야 한다.

경험이 스펙보다 중요하다고 하면, 경험을 어떻게 측정하냐고 되묻는 사람이 있다. 요즘에는 부서를 옮기지 않고 팀 내 직무 전환이나 프로젝트 참여 등으로 경험을 쌓는다. 하지만 이런 경험이 모두 경력 증명서에 기록되지는 않는다. 그러니 얼마든지 과장할 수 있다.

하지만 경험은 거짓으로 만들어내거나 부풀리기 어렵다. 면접은 대개 경험의 깊이를 밝히기 위해서 한다. 깊이가 부족하거나 경험을 통한 교훈 얻기를 소홀히 했다면 금방 티가 난다. 몇 주만 함께 일해 보면 일머리 수준이 곧 드러난다. 경험을 쌓는다는 것은 성공과 실패를 반복하며 인사이트를 얻는다는 의미다.

주니어 팀원은 회사, 부서, 직무 등을 다채롭게 경험할 기회가 있다. 새로운 프로젝트팀이 꾸려지고 PM프로젝트 매니저을 모집하고 있다면 적극적으로 손을 들자. 프로젝트팀을 통해 팀의 미션 정립, 구성원 간 역할 배분 및 협력 체계 구성, 로드맵 일정에 따른 성과 관리 등을 폭넓게 경험해볼 수 있다. 익숙하지 않은 새로운 일, 그것도 프로젝트 전체를 책임지는 일이라면 부담이 클 수 있다. 그럼에도 다른 사람이 맡기 꺼리는 일일수록 경험의 가치는 커진다.

역량에는 하드 스킬과 소프트 스킬이 있다. 하드 스킬은 정량화하고 습득 정도를 측정하기 쉽다. 외국어 능력, 기계 작동법, 컴퓨터 프로그래밍 등이다. 소프트 스킬은 타인과의 관계 설정이나 상호작용과 관련이 있다. 소통, 설득, 동기부여 등인데, 현재 수준을 측정하기는 매우 어렵다.

리더십은 소프트 스킬이다. 어떻게 개발해야 하는지 정해진 방법이 없고, 훈련도 쉽지 않다. 오랫동안 일과 사람을 경험하면서 조금씩 쌓아 나가야 하는 역량이다.

자신만의 리더십 스타일을 준비한다

1) 어떤 직위에서도 리더십을 발휘해볼 수 있다.
2) 나만의 리더십 스타일을 찾고 미리 계발하면 좋다.

리더십은 '누군가에게 영향력을 미치는 행위'라고 할 수 있다. 직급에 상관없이 모든 직장인은 누군가에게 영향력을 미치는 경험을 한다. 신입사원이라도 동료를 이끄는 사람이 있다. 후배가 한 명이더라도 좋은 영향을 미쳤다면 리더십을 발휘한 셈이다.

관리자가 되어야만 리더십을 배울 수 있다는 건 잘못된 생각이다. 신입사원도 리더십을 경험하고 실력을 키워나갈 수 있다. 리더십을 앞서 경험한다 생각하고 동료에게 영향력을 발휘할 기회가 있으면 적극적으로 참여하자. 신입 때부터 꾸준히 리더의 관점으로 일했느냐 아니냐는 무척 중요하다.

리더십에 정답은 없다. 나만의 리더십 스타일을 찾아보자. 자신에게 맞는 리더십 스타일을 알고 싶다면 먼저 자신의 강점을 몇 가지 나열해보자. 자신이 좋아하고 잘하는 것이 무엇인지 파악해본다. 약점을 고치기보다는 강점을 더 살리는 쪽이 훨씬 효과가 좋다.

예를 들면, 참여형 리더는 팀 내 협력을 기반으로 한 일 처리를 최우선 순위에 둔다. 업무 속도가 늦어지더라도 소통과 협력에 중점을 둔다.

성과 지향적 리더를 목표로 한다면 무조건 자상한 팀장이 되는 것은 포기해야 한다. 조금 혹독하더라도 제대로 된 피드백을 통해 팀원이 성과의 결실을 맛보게 해주는 편이 좋다.

팀장이 당신에게 원하는
태도, 마음가짐
Mental Attitude

01 | 업무가 단순해지는 정리 기술

"책상 정리 잘하는 사람이 일도 잘한다."

요즘에 이런 말을 들으면 누구나 경악한다. 예나 지금이나 직장인에게 정리가 중요한 것은 매한가지다. 그렇다고 자리가 지저분하다고 지적하는 팀장은 드물다. 깨끗한 책상을 바른 마음가짐과 연결하는 팀장은 꼰대 취급받기 쉽다. 현명한 팀장은 잔소리 대신 팀원이 일을 더 잘하기 위한 정리 방법을 제안한다.

정리는 생산성을 향상하는 여러 방법 중 한 가지에 해당한다. 정말 정리 잘한다고 일의 효율이 높아질까? 이제부터 찬찬히 그 이유를 살펴보도록 하자.

정리의 본질은 구조화 작업이다

> 1) 기억 잘하고, 정보를 잘 찾아내는 사람은 정리의 달인이다.
> 2) 정리란 자신만의 정리 체계를 만들고 구조화하는 작업이다.

직장인 중에서 업무 디테일까지 완벽한 사람은 대개 정리 잘하는 사람이었다. 메모를 열심히 하고 정기적으로 분류하는 사람이다. 서류 트레이에 꼼꼼히 색인을 붙이고 자료를 잘 챙기는 사람도 있다. 메모 앱이나 엑셀과 같은 스프레드시트를 활용한 정보 정리에 능숙한 사람도 있었다. 그들이 정보를 모으고 분석하는 체계는 각자 달랐지만, 자기만의 정리법이 있다는 사실은 같았다.

업무를 빠뜨리지 않고 기억하려면 메모는 필수다. 그런데 메모 한 가지만이라면 어렵지 않지만, 각종 보고서와 자료, 이메일, SNS를 통한 정보까지 쌓이면 필요한 정보를 찾기가 어려워진다.

남들 보기에 자리가 좀 지저분해 보여도 자신만의 정리 체계가 있다면 괜찮다. 나만의 정리 체계를 만들고 그걸 유용하게 사용할 수 있다면 일의 고수에 가까워진다. 정리의 핵심은 '구조화'다. 문서, 자료, 문구, 정보…. 모든 것에 통용된다. 전체를 파악하고 구조화하여 그 위치를 이해하고 원하는 것을 원하는 때 찾아내는 것이 구조화의 핵심이다.

'무엇이, 어떤 기준으로, 어디에 배치되어 있는가?'를 파악하는 것이 중요하다. 옛날 선배들이 책상 정리를 강조한 이유가 여기에 있다. 과거에는 종이 자료가 압도적으로 많았기에 자리가 깨끗해야 쉽게 정보를 찾을 수 있다고 생각했다.

지금은 옛날보다 더 정리가 중요해졌다. 정보량이 훨씬 많아졌기 때문이다. 이제는 꼭 필요한 정보를 고르고 거르면서 불필요한 정보는 수시로 버려야 정보 관리가 가능하다.

정리하는 루틴을 만들면 부담이 줄어든다

1) 정리는 심리적 부담을 줄여준다. 정신 건강에 유익하다.
2) 정보 정리를 잘하는 사람이 기획도 잘한다.

정리는 누가 시켜서 해야 하는 게 아니라 정신 건강을 위해 해야 하는 일이다. 자신만의 정리 체계를 만들고 체득하면 일할 때 심리적 부담이 줄어든다.

우선 정보를 찾으면서 버리는 시간이 줄어 업무 효율이 높아진다. 특히 기획 업무 상당수는 정보 찾는 시간이 대부분일 때가 많다. 정보만 잘 찾아도 기획의 80퍼센트는 끝난 것이라고 말하는 사람도 있다. 비슷한 기획이 반복되는 일을 한다면 정보 정리 루틴을 만들어야 한다. 정보 찾고 가공하는 루틴을 만들어두면 기획이 어렵지 않게 된다.

자신의 기억력을 믿고 정보를 떠올리는 사람이 많다. 신입일수록 자기 머리를 믿고 싶어 한다. 젊고, 아직 업무량이 적고 일의 복잡성이 낮을 때는 가능하다. 하지만 시간이 지나면 기억의 한계가 얼마나 하찮은지 체감하게 된다. 설사 기억할 수 있다고 해도 정보를 정리해두고 빨리 잊는 편이 낫다. '정보 자체를 기억하는 것'과 '어디에 저장해 두었는지 알기만 하는 것'은 피로도에서 큰 차이가 난다.

막대한 업무량을 처리하면서도 평온한 표정을 짓고 있는 사람이라면 정리 달인일 가능성이 크다. 기획할 때 정보 활용하는 루틴을 이미 만든 사람이다. 루틴대로 일하니 웬만한 기획은 어렵지 않다. 정보를 하나하나 기억하지 않아도 되기에 부담이 줄어든다. 더 적게 일하면서 남들보다 성과가 뛰어나다. 이게 바로 '정리의 힘'이다.

세 가지 정리 기술 – 메모, 메일, 폴더

1) 메모 – 일정한 기간을 정해두고, 분류 및 폐기한다.
2) 메일 – 재분류/회신/삭제 중 한 가지를 실행한다.
3) 폴더 – 폴더 분류 체계를 만든다. 새 폴더는 무작위로 만들지 않는다.

정리 기술은 세 가지가 중요하다. 먼저, 메모 정리 기술이다. 책상 정리는 대부분 자료와 메모 정리가 핵심이다. 아무리 메모 앱을 사용한다고 해도 종이 메모가 완전히 사라지지 않는다. 앱 중심으로 메모를 정리하는 사람은 정기적으로 오프라인과 온라인 메모를 통합한다.

메모를 쓰기만 하고 분류, 폐기하지 않으면 소용이 없다. 엄청난 양의 정보를 기록하고도 활용하지 못하는 사람을 자주 본다. 비슷한 메모는 분류해야 나중에 사용하기 편하다. 분류하면 중복된 메모를 발견하기 쉬우므로 폐기도 쉬워진다. 중요도가 떨어지거나 사용 빈도가 낮은 메모는 과감하게 버리는 것이 요령이다. 핵심 정보만 최대한 적게 남겨야 부담을 줄일 수 있고 나중에 찾기도 편하다.

회사별로 사용하는 커뮤니케이션 도구는 매우 다양하다. 하지만 외부와의 커뮤니케이션 수단은 이메일이 활발하게 쓰인다. 이메일만 잘 관리해도 업무가 편해진다.

2주에 한 번은 받은 편지함을 정리하자. 다시 읽거나 주의 깊게 보아야 할 메일 10개 정도만 남기고 재분류/삭제/회신으로 정리한다. 오래 보관해야 하는 정보나, 정기적으로 소통해야 하는 메일은 장기 보관함에 재분류한다. 단순 정보 메일은 읽고 삭제한다. 혹시 지우기가 아쉽다면 정보 메일함을 만들고 2주 정도 보관했다가 더 이상 필요한 정보가 아니면 삭제한다. 바로 처리할 수 있는 메일은 즉시 처리하고 회신한다.

폴더 정리법은 첫째가 폴더 분류 규칙 만들기다. 폴더 분류 체계만 잘 만들어놓아도 파일 찾기가 훨씬 쉬워진다. 시간별 분류법 또는 업무별 분류법을 주로 사용한다.

유사한 운영 업무를 반복하는 사람은 시간별 분류법이 좋다. 연도별, 월별로 폴더를 만들어놓고 해당 기간의 파일을 넣는다. 반대로 다양한 업무를 왔다 갔다 해야 하는 사람이라면 업무 종류, 업무 구분별 폴더를 만들어둔다.

폴더 분류 요령 한 가지는 파일이 없더라도 폴더 체계를 먼저 만든

후 빈 폴더를 만든다. 서류함 먼저 준비하고 거기에 맞게 서류를 넣는 방법이다. 빈 서류함이 신경 쓰일 수도 있지만 이렇게 해야 분류 체계가 흐트러지지 않는다. 어디에도 분류하기 애매한 파일은 임시 폴더에 넣는다. 비슷한 파일이 여러 개 생성되면 그때 폴더 분류 체계를 재정비하고 해당 파일을 옮기면 된다.

파일명을 잘 정리하는 것도 요령이다. 파일명에는 문서명, 날짜, 버전을 같이 적으면 편하다. 같은 날짜에도 여러 버전이 생기는 때가 있다. 이를 구분하기 위해 버전을 적어두면 좋다. 버전만 기록해두면 첫 버전과 마지막 버전 외 중간 작업물은 찾기 어렵다. 그래서 날짜를 같이 적어야 편하다. 완성된 문서나 중요 보고 단계의 문서는 주석 다는 규칙을 정해두는 방법도 좋다. '본부장보고', '사장보고', '업무완료' 등이 주석으로 들어간다.

[파일명 예시]

A 마케팅프로모션_자료조사_230403_v1

A 마케팅프로모션_기획안_230407_v3

A 마케팅프로모션_기획안_230410_v6_본부장보고

A 마케팅프로모션_기획안_230417_v8_완료

02 | 성과 중심으로 생각하기

걸핏하면 '성과 중심으로 일해야 한다'라는 말을 달고 사는 팀장과 함께 일한 적이 있다. 그럴싸한 말이었지만, 성과 중심으로 일한다는 게 감이 오질 않았다. '성과가 안 나게 애쓰며 일하는 사람도 있나?', '누구나 성과를 위해 일하는 거 아닐까?' 어느 날은 참지 못하고 물었다.

"성과 중심으로 일하는 게 도대체 어떤 의미인지 잘 모르겠어요."

팀장은 한참 설명했지만 여전히 무슨 말인지 이해할 수 없었다. 아마 본인도 큰 방향 외에는 구체적으로 어떻게 해야 성과 중심으로 일하는 것인지 깊이 생각해본 적이 없는 듯했다. 다만 기억에 남는 몇 가지 키워드가 있다면 '목표', '열정', '절실함', '돌파력' 등이었다. 아쉽게도 이것들을 성과라는 측면에서 완벽하게 엮어내지 못했다.

성과 중심으로 일하는 것의 의미

1) 목표 수립 : 목표는 최종 고객이 원하는 결과를 만들어내는 것이다.
2) 실행 과제 설정 : 목표 달성을 위해 세부 실행 과제를 세운다.
3) 실행력 : 자기 주도적으로 대응하고 실천하는 과정이다.

내 나름 '성과 중심으로 일하기'를 해석해보았다. 우리가 하는 모든 일은 성과를 얻기 위함이다. 예전에는 경영 측면에서 성과를 '기업의 이익'으로 해석했다. 지금은 단순히 이익을 내는 것이 기업의 목적이라고 생각하지 않는다. 성과 개념이 좀 더 복잡해졌고 측정하기도 어려워졌다. 더욱이 비계량적인 성과가 더 부각하면서 '고객이 원하는 결과'를 성과로 정의하는 사람이 많아졌다.

만약 당신의 고객이 '경영진'이고 그의 의사결정을 위한 정보를 생산해내는 것이 목표라고 해보자. 적시에 경영진이 원하는 정보를 파악해 그들이 이해하기 쉬운 형태로 만든다. 경영진이 그 정보에 만족했고 결국 의사결정에 도달했다면 성과를 창출한 셈이다.

일을 하다 보면 자꾸 '왜 이 일을 하는지' 잊어버리게 된다. 오늘날 기업의 일은 지나치게 세분되고 분업화되어 고객과 그 고객이 원하는 바를 명확히 파악하기 어렵다.

성과 중심으로 일하기 위해서는 목표가 뚜렷해야 한다. 일하는 중간중간 일의 진행이 목표에 적합한지 되돌아보고 목표를 향해 방향을 수정한다. 더불어 목표를 달성하기 위한 과정을 분석하고 가장 합리적인 실행방안을 세운다. 예를 들어, 기념일에 사랑하는 사람을 만족시키는 것이 목표라면 그가 최고로 만족할 만한 선물을 고르고, 입맛에 맞는 저녁 메뉴를 결정하고 그에게 사랑 표현할 방법을 찾는 것. 이것이 목표 달성을 위한 실행방안에 해당한다.

문제는 여기서 끝나지 않는다. 안타깝게도 막상 기념일이 되면 여러 가지 상황이 변한다. 약속 장소까지 차가 막히고, 저녁 메뉴는 기대했던 것과 다른 맛이다. 상대가 유달리 피곤함을 호소하며 일정 축소를 원한다. 이렇게 목표 달성으로 가는 길은 험난하다. 이럴 때는 적극적으로 문제에 대응하며 목표를 향해 실천해나가는 실행력이 필요하다. '목표 – 실행방안 – 실천력'이 한데 어우러져야 진정한 성과 창출이 가능하다.

목표 수립과 실행 과제 배분

1) 목표는 눈에 보일 정도로 구체적이면 좋다.
2) 목표 달성을 위해 해결이 필요한 문제는 실행방안으로 정의한다.

목표는 '눈에 선명히 보일 만큼 명확하게' 세우는 편이 좋다. 기대하는 결과물을 서로의 의견 차이가 발생하지 않도록 구체화한 것이 목표다. 목표를 잘못 이해한 사람들은 대략의 방향성을 목표라고 착각한다. 목표는 기대가 실현되었을 때 드러나는 구체적인 모습이다.

목표를 달성하기 위해 일하는 과정은 체계적이고 전략적이어야 한다. 목표라는 결과가 나오려면 어떤 과정 요소가 필요한지 분석하여 그것을 세분하면 실행방안이 도출된다.

앞에 든 예처럼 기념일에 연인에게 최고의 기쁨을 선사하는 데 필요한 과정 요소로 선물, 데이트 장소, 식사 메뉴, 대화거리 등을 준비했다. 중요한 것은 선택과 집중이다. 목표 달성에 도움이 된다고 무조건 실행방안을 여러 개 생산해도 의미가 없다. 적은 자원을 사용해서 효과적으로 목표를 달성할 방법을 선택해야 한다.

목표를 잘 세우고 인과관계를 분석하여 합리적인 실행방안을 잘 찾는다면 성과 중심으로 일하는 방법을 아는 셈이다. 여기에 실행력을 뒷받침하면 된다.

'절실함'이란?

> 1) 결과 달성을 위한 실행방안을 세우고 실천해야 실행력이 생긴다.
> 2) 자기 주도적으로 고민하고 '무엇을 해야 할지' 찾는 절실함이 필요하다.

나는 '절실함'이라는 단어를 좋아하지 않았다. 일은 체계적으로 합리적으로 진행해야 한다고 생각한다. 간절히 원하고, 절실한 마음으로 일한다는 것은 마치 마음가짐만 바꾸면 다 해결된다는 말처럼 들렸다. '무엇을 어떻게 실행할지 모르는데 태도를 바꾼다고 문제가 풀릴까?' 하는 의문이 들었다.

절실함을 태도의 관점으로 해석하면 안 된다. 절실함은 단순히 다짐만으로 끝나는 일이 아니다. 일의 목표를 달성하기 위해 자신만의 고민을 담아 실행방안을 세운다. 이렇게 고민하고 또 고민하여 목표 실현에 가장 적합한 방법을 떠올리고 그것을 차근차근 실행해나가는 것, 그게 절실함이다.

여기서 중요한 단어는 '자기 주도적'이다. 성과 중심으로 일하기의 본질은 자율적 일하기에 있다. "목표는 고객이 주고, 조직에서 이를 나누어주지만 일일이 개인을 관리할 수 없으니 한 주나 한 달 단위로 알아서 수행하라. 그리고 그 결과를 함께 논의하자."라는 방식이다. 결과는 코칭 방식으로 피드백이 이루어진다.

단순히 원하는 결과에 이르렀는지 측정하고 끝내는 것만이 아니다. 계속해서 결과가 나오는 체계를 만들고, 원하는 수준에 도달하지 못했을 때는 개선점을 밝히려 노력한다. 이게 성과 중심으로 일하는 방법이다.

03 | 주도적으로 일하기

새로운 부서로 배치되면서 하지 않아도 될 일을 반복하고 있는 후배에게 물어보았다.

"왜 온라인 교육 프로그램을 이렇게 운영하고 있어요?"
"저도 잘 모르겠네요. 전임자에게 그렇게 인수인계받았어요."

조금만 생각하면 더 효율적인 방법이 있다는 걸 알 수 있었을 텐데, 무심하게 그동안 하던 방법을 고집하고 있었다. 이렇게 하면 몇 년을 일해도 일하는 과정에서 생기는 보람이 없다. 아무 생각 없이 일하면 일하는 대로 생각하게 된다. 일의 본질은 보려고 노력하는 사람에게만 보인다.

일에 나만의 관점을 싣는다

1) 새로운 일을 제안하거나, 일하는 방식을 바꾼다.
2) 더 큰 목표를 바라본다.

일 잘하는 사람이 되려면 '이건 왜 이렇게 하고 있지?' 하는 질문을 던지면 된다. 질문하기 시작하면 더 나은 방법을 고민하게 된다. 작은 부분에서부터 일을 개선하다 보면 실력이 쌓인다. 사소해 보이지만 이렇게 실력이 쌓이면서 시간이 지나면 완전히 다른 사람이 된다.

여러 사람과 함께 일해보면 '나만의 관점'이 있는 사람과 만나게 된다. 나만의 관점을 갖고 일하는 사람은 어떻게 일할까? 지시받은 대로, 주어진 대로 일하는 것이 아니라, 자신의 주관을 가지고 새로운 일을 제안한다. 때로는 팀의 업무 절차를 바꾸거나, 회사 전체 관점에서 낡은 관행을 바꾼다. 불필요한 일은 축소하고, 불합리한 절차는 없애자는 의견을 낸다.

사람들은 '나만의 관점'이 있는 사람을 좋아한다. 이런 주도성은 보는 사람의 가슴을 설레게 만든다. 함께 일하며 그 사람의 관점을 따라 배우고 싶어한다. 나만의 관점은 일을 잘하도록 만드는 원동력이다.

관점이 있는 사람은 '최종 목표'에 맞춰 일을 재해석한다. '지금 이 방식은 고객이 만족할 수 있는 최선일까?', '이 방법이 우리 팀 목표 달성에 도움이 될까?', '다른 방법을 시도하면 목표를 더 빨리 달성할 수 있지 않을까?' 최종 목표를 염두에 두고 일을 해석하고 방법을 생각한다.

딱 받는 만큼만 일하면?

1) 받는 만큼만 일하겠다는 생각이 나의 칼끝을 무디게 만든다.
2) 대충 일하는 게 습관이 되면 인생도 대충 살게 된다.

누구나 빠지는 함정이 있다. '어차피 월급 받는 만큼만 일하면 돼. 그 이상은 열정 페이일 뿐이야.'라는 생각. 최근 이런 분위기가 확산하고 있다. 오랜 시간 '받은 것 이상의 노동력 제공은 당연한 기본 옵션'으로 생각해온 우리 조직문화에 대한 반발일지 모른다.

어느 정도 회사 생활을 경험하면 누구나 가끔씩 이런 마음이 든다. 막 취업에 성공했을 때는 모두 열정을 다해 제대로 일해 보려고 한다. 그러나 상사가 내 의견을 무시하고, 열과 성의를 다한 보고서는 무수한 첨삭을 거치거나 폐기된다. 원래 내 의견은 삼각형이었는데 결과물을 보면 뾰족함이 사라진 동그라미가 되어있다. 조직에서는 작은 것 하나도 내 뜻대로 되지 않는다. 이렇게 좌절하다 보면 마음

속에 슬슬 어둠의 메시지가 스멀거린다. '이런다고 월급을 더 주는 것도 아닌데, 왜 이렇게 열심히 하고 있지? 딱 받는 만큼만 일하자!'

직원을 이렇게 만드는 건, 조직에 일차적인 책임이 있다. 구성원의 아이디어를 수용하고 실행하는 조직, 더 큰 비전을 제시하고 열정을 불러일으키는 조직이라면 이런 마음이 생길 리 없다. 안타깝게도 그런 훌륭한 조직은 드물다.

그렇다고 스스로 한계를 정하면 곤란하다. 움츠리는 태도가 오래 가면 습관이 된다. 일뿐 아니라, 일상에서도 그런 태도가 나타난다. 어떤 일에도 가슴이 뜨거워지지 않는, 언제나 축 처져있는 사람이 된다.

'나는 회사에서만 열심히 하지 않을 뿐이야. 그 외에는 뭐든 치열하게 해낼 수 있어!' 마음속으로 이렇게 되뇌고 있을 것이다. 하지만 열정이라는 연료는 일할 때나, 놀 때나 사람이라는 기계를 움직이는 연료가 된다. 일할 때 뜨거운 사람이 회사 밖에서도 최선을 다하고, 취미 활동도 활발하게 한다.

마음을 다해야, 자신을 사랑할 수 있다

1) 우리는 도전해서 성취하는 나를 더 좋아한다.
2) 나태한 자신을 사랑하는 사람은 없다.

무언가에 도전하고 열정을 다 쏟는 시간을 보내고 나면 자기가 아주 좋아진다. '나 참 멋진 사람이네?', '나는 하면 되는 사람이었구나!'라고 생각하게 된다. 그리고 다음에 어려운 일을 만나도 '이전에도 해냈는데 왜 못하겠어!'라는 '자기 효능감'이 생긴다.

반대로 '이 조직에서는 뭘 해도 안 돼.', '좋은 팀장이나 동료를 못 만났으니 내 탓만은 아니지.' 하고 조직과 환경을 탓하면 시간이 흐를수록 자기혐오만 남는다. 우리는 성장 본능이 있는 존재다. 무언가에 최선을 다하고, 고난을 이겨내고 더 성장한 자신을 바라보면서 기쁨을 느낀다.

직장인이라면 누구나 '느긋한 휴일'을 그린다. 늦잠 자고 일어나 전날 남긴 과자를 먹은 후, 라면으로 대충 끼니를 때운다. 부스스한 머리로 TV나 넷플릭스 채널을 돌리며 시간을 보낸다. 저녁이 되면 맥주를 홀짝거리고 웹툰 페이지를 넘긴다. 평일의 치열한 회사 생활과 대비되는 아무 의무감 없고 여유로운 휴일….

그런데 막상 이렇게 휴일을 몇 번 보내고 나면 마음 한구석이 괴롭다. 낭비한 시간이 아깝다는 생각이 든다. 운동하든 책을 읽든 좀 더 생산적인 활동을 해야겠다고 생각한다. 나태하고 게으른 내 모습을 좋아하는 사람은 없다. 역동적이고 매사 열심인 나를 보고 싶다. 간혹 아무런 목적 없는 온전한 휴식이 필요하지만, 이런 시간은 짧을수록 좋다.

딱 받는 월급만큼만 일하면 스트레스도 적고 마음 편할까? 당장은 조금 편할 수 있겠지만 이런 식으로 1년이 지나고 2년이 지나면 결국 태만해진 자기 모습에 분노하게 된다. 주니어 시절은 열정에 투자하고 성취에 도전할 때다. 게으르고 나태해지려는 자신에게 분노하자. 자신과 자신의 인생을 사랑하자.

04 | 긍정적으로 생각하기

"예산이 부족합니다."

"그런 상품을 내놓은 회사는 어디에도 없습니다."

"프로젝트가 실패하면 어떡하나요?"

일을 한다는 것은 문제 해결의 연속이다. 문제에 부딪히면 당황한 나머지 상사가 답을 주기만을 기다리는 팀원이 있다. 그중에서 기회 요인을 찾고 긍정적 포인트를 발견하려 애쓰는 사람이 있으면 빛이 날 수밖에 없다. 모두가 그런 관점을 지닌 사람과 함께 일하고 싶어 한다.

인간은 문제에 집중하는 습성이 있다

1) 평범한 사람들은 불안에 사로잡혀 기회를 보지 못한다.
2) 성공한 사람은 기회를 위험보다 더 크게 본 사람이다.

심리학자들의 연구 결과에 따르면 인간에게는 '손실 회피 성향'이 있다고 한다. 인간은 기회보다는 위험을 더 크게 보고 어떻게든 피하려는 습성이 있다. 진화 과정에서 인간은 위험에 즉각 반응하는 쪽이 더 유리했을 것이다. 수풀이 부스럭거리면 맹수가 나타날 수 있으니 일단 도망치는 편이 안전하다. 본능의 뇌가 이성의 뇌보다 먼저 움직이고 더 빠르게 작동한다.

현대인에게는 본능의 뇌보다 이성의 뇌가 중요하다. 일이 잘못될 가능성을 크게 보고 몸을 사려서는 비즈니스 기회를 놓치기 쉽다. 위험 없는 기회는 없다. 실패 가능성을 무릅쓰고 뛰어들어야 성공한다.

고액 자산가들을 상대하는 PB Private Banker인 지인은 '부자는 기회를 더 크게 보는 사람들'이라고 정의했다. 평범한 사람이 위험 요소에 주눅 들어 성공의 기회를 알아보지 못할 때 비범한 사람들은 기회를 포착해 큰 부를 얻는다.

상황이 좋을 때는 적당히 해도 누구나 일 잘하는 사람으로 보인다. 진짜 인재는 절망적인 상황에서 참모습이 드러난다. 탈출구가 보이지 않을 때, 모든 상황이 실패할 수밖에 없어 보일 때 묵묵히 해답을 찾는 사람이 있다. 그도 위험 앞에 불안하고 혼란스러웠을 것이다. 그러나 끊임없이 떠오르는 걱정을 억누르고 정신 똑바로 차리려고 애썼을 것이다. 탈출구를 열심히 찾다 보면 샛길이라도 보인다.

기회와 위험을 적는다

1) 위험 요인과 기회 요인을 차분히 적는다. 어느 쪽이 더 많은가?
2) 위험을 최소화하는 계획을 세운다.

불안한 마음에 판단이 잘 서지 않는다면, 이때가 바로 메모가 필요한 때다. 무언가를 적는 행위는 객관적인 판단을 도와준다. 머릿속으로 상상할 때는 위험 요소가 커 보여도 적어보면 생각보다 기회가 많다는 사실을 발견하게 된다. 적다 보면 감정적인 상태에서 벗어나 이성적으로 판단할 수 있다.

A4 종이나 다이어리를 준비하고 반을 접는다. 왼쪽 위에는 '기회 요인' 오른쪽 위에는 '위험 요인'이라고 제목을 쓴다. 이제부터 떠오르는 대로 이번에 추진하는 일의 긍정적인 면과 부정적인 면을 차례로 적어나간다. 따로 분석할 필요는 없다. 일단 적어보면 현재 상황이 어떤지 금방 드러난다.

기회가 훨씬 많고 실패 가능성이 작아도, 실패는 피하고 싶다. 발생 확률은 낮지만, 실패하면 우리 회사, 우리 부서가 타격을 입을 수 있다. 여기에 대비하려면 '위험 최소화 계획'을 세우면 된다.

위험 최소화 계획은 나쁜 상황이 발생했을 때 피해를 줄일 방법을 미리 세워두는 것이다. 나쁜 상황은 안 오는 게 좋겠지만, 부득이하게 원치 않는 상황이 펼쳐진다면 그 충격을 줄이도록 대비한다.

예를 들어, 앞으로 불경기가 예측된다는 전문가들의 의견이 많다면 비용 절감 방안을 미리 세워둔다. 막상 경기 하락이 시작되었을 때 급하게 비용을 줄이려면 꼭 필요한 지출까지 무분별하게 막아버린다. 반대로 미리 플랜을 세워두면 꼭 필요한 예산은 남기고 불필요한 비용은 줄이는 전략적 판단을 할 수 있다.

관점을 바꾸는 전략

1) 리프레이밍 전략을 세운다.
2) 일단 계획을 세웠으면, 뒤돌아보지 않고 밀어붙인다.

리프레이밍reframing 전략으로 위기에 대응할 수도 있다. 리프레이밍이란 전혀 다른 관점에서 상황을 바라보고 근본적인 대안을 제시하는 방법이다. 단순히 관점을 바꾸는 것만으로 획기적인 답이 나오기도 한다.

엘리베이터 운행 속도가 느리다는 이용자들의 불만이 제기되었다. 대부분 엘리베이터 모터를 교체하거나 엘리베이터를 신형으로 바꾸는 방법을 떠올린다. 하지만 이런 방법은 비용이 많이 들고, 교체하는 동안 이용자들이 불편을 겪는다.

한 빌딩에서는 엘리베이터를 교체하는 대신, 내부에 거울을 달고 음악을 틀었다. 창의력 관련 책에 자주 인용되는 사례다. 엘리베이터가 느린 건 속도 문제일 수 있지만 이용자가 느끼는 주관적인 시간의 문제일 수도 있다. 생각의 틀을 바꾸면 큰 비용을 들이지 않고도 효과적인 대안을 찾을 수 있다.

위험 최소화 계획을 세웠든, 리프레이밍으로 차별화한 대안을 발견했든 일단 답이 나왔다면 실행에 옮기자. 우리의 위험 회피 성향은 '이게 진짜 맞는 답인가?', '더 나은 해답이 있지 않을까?' 계속 의문을 제기할지 모른다. 그때마다 다른 대안을 찾으려 한다면 결국은 실패에 가까워진다. 한번 답이 나왔다면 뒤돌아보지 않고 밀어붙이는 것, 그것이 일이 되도록 만드는 지혜다.

05 적극적으로 행동하기

일과 삶의 균형을 중시하는 분위기가 확산되면서 퇴근 후 삶에 조금이라도 영향을 미칠 수 있는 일은 맡지 않으려는 경향이 있다. 조금이라도 업무량이 많아 보이는 프로젝트팀은 멤버 모집이 어렵다. 단순히 업무량 측면이 아닌, 양질의 경험 관점에서 일을 바라보면 어떨까?

커리어 컨설턴트인 정은 부장은 이렇게 조언했다.

"다들 훌륭한 커리어를 만들고 싶어 합니다. 지식 경제 사회에서 좋은 커리어란 곧 차별화된 경험을 의미합니다. 어떻게 하면 남다른 경험을 쌓을 수 있을까요? 남들이 쉽게 가려고 하지 않는 일 속으로 들어가야죠."

경험을 통해 콘텐츠 만드는 일

1) 서로 일을 맡지 않으려는 조직.
2) 일하는 사람의 만족감은 나만의 콘텐츠를 갖게 되는 것.

무조건 적극적으로 일을 맡으라는 말이 아니다. "젊어서 고생은 사서 한다."는 격언은 옛말이다. 조직은 그런 논리로 개인의 희생을 강요했고, 그럼에도 구성원의 희생에 합당한 보상은 하지 않았다. 정해진 업무 범위 외에 나서서 일을 맡지 않으려는 건 오랫동안 이어온 조직 우선 사고에 대한 신세대의 반기일지도 모른다.

조직을 위해서가 아니다. 나를 위해서 일을 맡아야 할 때가 있다. '나만의 콘텐츠 쌓기'에 유리한 일이라면 적극적으로 지원하자. 콘텐츠는 경험에서 비롯된다. 'SNS 마케팅 프로젝트'는 경험해야 그걸 내 커리어로 만들 수 있다. '새로운 마케팅 지원 시스템'은 개발해봐야 마케팅의 디지털화 경험으로 내세울 수 있다. 색다른 경험을 할 수 있다면 과감하게 도전하는 용기가 필요하다.

어떤 경험이 콘텐츠로 만들기 좋을까? 사람들은 '탐색과 실험'이 있는 경험에 열광한다. 새로운 비즈니스 기회를 찾아 나선다. 그리고 자기 아이디어가 시장과 고객에게 통할지 다양하게 실험한다. 물론 이 실험이 실패할 수 있고 그로 인해 좌절할 수도 있다. 이런 과정을 반복하다 보면 문제해결의 실마리를 찾게 된다. 결국 전에 없던 비즈니스 모델을 만들어본 경험은 나만의 최고 콘텐츠가 된다.

내가 주도하는 탐색과 실험

1) 프로젝트에 자원해야 하는 이유.
2) 재미없는 일이라도 능숙해지면 즐거울 수 있다.

프로젝트팀에서 사람을 모집한다고 하면 손을 들어보자. 프로젝트는 커리어에 큰 도움이 된다. 회사를 옮겨서 직무 자체를 바꾸는 것은 적응 기간이 길고 리스크도 있다. 하지만 사내에서 프로젝트를 수행하면 새로운 커리어를 쌓으면서 이직 리스크는 없앨 수 있다.

대다수 프로젝트팀은 단기 성공을 위해 능력이 좋은 사람을 가려 뽑는다. 우수한 동료들과 함께 일하면서 롤 모델로 삼아 일 배우기 좋은 기회다. 명확한 목표를 세우고 철저하게 피드백하고 일정 로드맵도 철저히 관리한다. 이렇게 프로젝트팀이 일하는 방식은 일반 부서에 비해서 체계적이다.

적성에 맞고 재미있어 보이는 일은 많은 사람이 하고 싶어한다. 문제는 조직에서 그런 일은 극히 적거나 아예 없다는 점이다. 회사 일 대부분은 단순 반복 작업이거나, 계속 복잡한 단계를 거쳐야 한다. 언제까지 고생하면 된다는 기한도 없고, 지루한 일이라고 더 큰 보상이 따르지도 않는다.

이런 때는 '작고 사소한 일이 나를 성장시킨다.'라는 생각이 의외의 재미를 발견하게 해준다. 과거의 나보다 더 능숙하게, 더 빠르게 일을 처리한다. 실수는 줄어들고 같은 노력에도 금방 성과가 나는 것을 내가 느끼게 된다. 이렇게 내가 성장하는 모습을 보면 일에서 보람을 느끼지 않을까?

주니어 계층일수록 적극적으로 새로운 일을 맡는 편이 좋다. 실패 가능성이 크긴 해도, 경험의 폭을 넓힐 기회가 된다. 주니어 때 실패는 상대적으로 진취적이라는 평을 들을 수 있다. 시니어가 되면 실패했을 때 엄격하게 평가받고 책임이 따른다. 그래서 시니어가 되면 뭔가 새롭게 시도하기 어려워진다.

지식보다 경험의 가치가 중요한 시대

1) 경험에서 오는 일머리가 있다.
2) 어떤 경험을 선택할 것인가?

경험이 헐값으로 매겨지는 시대다. 그런데 경험만큼 중요한 것도 없다. 오랫동안 일해온 프로는 경험에서 만들어진 일머리가 있다.

인사 담당자 모임에서 15년간 인사 업무에 종사한 업계 선배를 만났다. 한창 새로운 인사제도 설계로 고민하고 있던 나에게 그분은 이렇게 조언했다.

"인사제도는 사람을 대상으로 한다는 점을 꼭 깨달아야 합니다. 구성원들은 인사제도를 그대로 인식하기보다는 거기서 의미를 읽어냅니다. 제도가 구성원에게 '어떤 의미를 전달하는지'에 대해 생각해보세요."

깊이 있는 경험이 없다면 말할 수 없는 조언이었다. 실제로 인사제도는 회사의 의도와 전혀 다르게 읽힌다. 장기 근속자의 공헌도를 우대하기 위해 복지 혜택을 늘리면, 주니어 계층은 변화를 꺼리는 회사라고 생각한다. 설계자 의도와 완전히 다른 메시지로 받아들인다. 이후로 나는 인사 업무를 바라보는 시각이 크게 바뀌었다.

어떤 경험을 쌓을 것인가? 경험은 일을 맡는 데서부터 시작한다. 귀찮고 골치 아픈 일이라도 배울 게 있다면 나서서 일을 맡는 태도가 성장에 도움이 된다. 아무런 일도 맡지 않으면 당장은 편하고, 문제 해결을 위해 고생할 필요도 없을 것이다. 반대로 아무 일도 맡지 않으면 어떤 경험도, 어떤 배움도 없다.

06 | 몰입해서 일하는 즐거움

학창 시절의 나는 수포자(수학을 포기한 사람)였다. 수학 문제집을 앞에 두고 있으면 눈앞이 캄캄했다. 공부에 집중하지 못하고 남은 숙제 분량을 바라보며 한숨 쉬기를 반복했다. 그 모습을 바라보던 옆자리 친구가 말했다.

"야, 한 시간 동안 너를 지켜봤는데 문제를 푼 시간보다 남은 분량을 체크하는 시간이 더 많더라. 차라리 그걸 거면 30분만 집중하고 나머지 시간은 푹 쉬어. 그래도 공부하는 양은 비슷할걸."

정곡을 찌르는 말이었다. 수험생은 누구나 끊임없이 떠오르는 걱정과 싸운다. '시험에서 좋은 점수를 받을 수 있을까?', '입시에 실패하면 어떡하지?', '내 점수에 부모님이 실망하실 텐데.' 이런 고민을 빨리 떨쳐버리고 집중하는 사람은 합당한 성과를 얻는다. 걱정의 늪에 빠진 사람은 시간만 낭비한다.

현대인의 고질병 '결과 중심 사고'

> 1) 현대인은 끊임없이 노력의 대가를 생각한다.
> 2) 지나친 결과 집착은 업무 몰입을 방해한다.

우리 삶은 끊임없이 걱정으로 가득 차 있다. 회사 일, 건강, 돈, 인간관계 등. 자본주의 시스템은 과정보다는 결과를 중시한다. 성과에 초점을 맞추고 그 성공을 어떻게 달성하느냐는 개인의 몫으로 남겨둔다. 성공이라는 결과가 곧 선普이다. 사람들은 성공한 사람이면 그에 합당한 노력을 기울였을 거라고 짐작한다.

원하는 성과를 얻고자 하는 욕망은 걱정을 크게 만든다. 걱정은 정신적 부담을 덜어주지 않는다. 내가 무엇을 얻을 것인지보다 무엇을 할 수 있는지에 집중해야 한다. 결과를 걱정하기 전에 먼저 몸을 움직이는 것, 그것만이 막연한 불안에서 벗어나는 지름길이다.

지식근로자의 성과 창출은 몰입이 답이다

1) 결과를 떠올리지 않으면 오히려 좋은 결과를 얻는다.
2) 과정을 즐기는 비결은 몰입이다.

초점을 맞추기 전까지 햇빛은 아무것도 태우지 못한다. '프로젝트가 성공할 수 있을까?' 하는 걱정, 인사평가 걱정, 승진 걱정할 시간에 현재 일에 집중하는 편이 낫다. 결과는 아무리 걱정해도 우리가 통제할 수 없는 미래의 일이다. 아직 닥치지 않은 미래를 걱정하느라 정작 우리가 통제할 수 있는 유일한 시간인 현재를 잃어버리면 안 된다. 업무 성과를 내고, 실력을 늘려가는 비밀은 바로 '몰입'에 있다. 오늘 하루에 집중해보자. 내가 통제할 수 있는 시간은 오늘뿐이다.

몰입할 때는 어떤 성과가 발생할지 예측하려 애쓰지 않는다. 몰입 자체가 즐거움이고, 몰입해서 일하면 어쨌든 더 나은 결과가 나올 가능성이 크다.

지나치게 결과만 생각하면 몰입하기 어렵다. 살 빼기 위해 운동하지만, 운동 자체에도 재미 요소가 여럿 포함되어 있다. 하루하루 달리기 거리를 늘릴 때 만족감이 있다. 내 능력의 한계치가 늘어나는 재미가 있다. 땀 흘리며 집중하다 보면 걱정과 고민에서 벗어나는 효과도 있다.

어떻게 해야 회사에서 조금이라도 행복해질 수 있을까? 누구나 한 번쯤 고민해보았을 화두다. 사람마다 조금씩 다르겠지만, 나는 일의 고통을 줄이는 데 몰입이 가장 효과적이라고 생각한다. 시간이 어떻게 흘렀는지 느끼지 못할 만큼 몰입한 후 그럴싸한 결과물이 나올 때 성취감을 느낀다.

전심전력했는데도 만족할 만한 결과가 나오지 않으면 일에서 보람을 찾기 어려워진다. 나는 최선을 다했으나 상사가 잘못된 결정을 한다. 협력해야 할 동료가 제대로 일을 처리하지 않는다. 경쟁자가 먼저 성과를 선점한다. 과정에 최선을 다했다고 꼭 성공으로 이어진다는 보장은 없다. 그래서 회사 일이, 세상이 힘들다. 하지만 몰입하며 최선을 다한 사람은 결국 성장한 자기 모습을 발견하게 된다.

쉽게 몰입하는 방법

1) 쉽게 몰입하는 비결 – 나만의 의식 만들기.
2) 몰입을 위한 덩어리 시간 확보하기.
3) 쉬운 일 먼저, 얕은 몰입으로 시작하기.

《몰입》을 쓴 서울대학교 황농문 교수의 강연을 들었다. 강연 내용 중 '진입 장벽' 이야기가 기억에 남는다. 뇌에게 몰입은 가능하면 피하고 싶은 중노동에 해당한다. 일정 수준에 이르고 나면 즐거운 두뇌 활동이지만, 그 수준에 이르기까지는 막대한 에너지가 필요한 피곤한 활동이다. 뇌는 몰입 초기 고생을 피하려 저항한다. 몰입하려고 하면 자꾸 잡생각이 나고 딴짓하게 되는 것은 이 때문이다.

자연스럽게 몰입을 시작하려면 나만의 몰입 의식儀式, ritual을 만드는 것이 좋다. 뇌를 준비하게 하는 사전 작업이라고 할까?

나는 몰입이 필요한 일을 시작할 때는 이어폰을 사용한다. 10분 정도 음악을 들으며 간단한 업무를 하고 있으면 슬슬 몰입 상태에 들어간다. 근무 시간에 무선 이어폰을 쓰는 신입사원의 행동이 논란거리가 된 적이 있다. 음악을 들으면 동료와의 소통에 방해가 될 수 있기에 바람직하다고 보긴 어렵다. 하지만 자연스럽게 몰입하기 위해 짧은 시간 기분을 전환하는 것은 괜찮다고 생각한다.

해야 할 일To do list을 적으면서 하루를 시작하는 방법도 추천한다. 오늘 해야 할 일과 각각의 업무 방향을 간단히 메모한다. 손으로 글을 쓰는 행위가 몰입 의식이 된다. 머리가 잘 움직이지 않을 때는 손을 먼저 움직여보자. 그러면 신기하게도 생각이 따라온다.

집중하는 시간대를 활용하여 몰입할 수도 있다. 타임 블로킹은 집중을 위해 일정한 시간대를 확보해두는 방법이다. 기획서 작성이나 데이터 분석처럼 고도의 창의성과 집중력이 필요한 일을 할 때 도움이 된다. 쉽게 몰입하려면 '통제할 수 있는 시간대'가 있어야 한다. '월수금 오전 세 시간은 마케팅 전략 기획서 작성에 사용할 수 있겠다.' 이렇게 시간과 업무의 결합을 예측할 수 있어야 한다. 그래야 마음의 준비를 할 수 있고 좀 더 빠르게 몰입 상태에 이를 수 있다.

일 고민이 많아 집중이 어려울 때는 일단 일을 시작하고 서서히 집중하도록 한다. 파레토 법칙에 따른 업무 관리 방법이다. 80대 20의 법칙으로 불리는 파레토 법칙은 업무는 80퍼센트 중요하지 않은 일과 20퍼센트 핵심 업무로 구성되어 있다는 이론이다. 처음부터 핵심 업무를 처리하려면 심리적으로 부담이 된다. 따라서 80퍼센트 중요하지 않은 일부터 처리하고, 몰입도가 올라가면 20퍼센트 핵심 업무를 진행한다.

몰입은 일하는 동기, 일의 의미와 관련이 있다. 어떤 일이 경제적 가치가 높고 나의 커리어에 큰 도움이 된다고 하더라도 몰입할 수 없다면 즐겁게 회사에 다니기 어렵다. 나는 어느 때 몰입이 잘 되고, 멘탈 컨디션이 최고가 되는지 탐구하고 발견해보는 건 어떨까?

07 | 같은 실수 반복하지 않기

지은 대리는 사람 참 좋다는 평을 들었다. 다만 업무에서 실수가 잦은 게 아쉬웠다. 낙천적인 성격이라 타인의 실수는 물론 자기 실수에도 관대했다.

"앗! 죄송해요. 평소에는 이렇게 하지 않는데 이번에는 실수를 좀 했네요. 다신 이런 일 없을 테니 선배님은 신경 쓰지 마세요."

유독 실수가 잦은데 그걸 잘 고치지 못하는 사람이 있다. 지은 대리처럼 본인은 대수롭지 않게 여기지만, 같은 실수를 반복하면 주변 사람들이 힘들다. 실수를 수습하기 위해 정작 하지 않아도 될 일을 하느라 지은 대리는 맡은 일을 온전히 할 수 없었고, 그 빈 자리는 동료의 몫이었다.

실수를 반복하지 않는 능력

1) 실수를 반복하면 그건 실력이다.
2) 실수를 인정하는 것, 실력 향상의 첫걸음이다.

실수한 당사자는 그냥 우연일 뿐이고 실력과는 관계 없다고 믿고 싶을 것이다. 학창 시절 진짜 열심히 공부하는데 시험에서 꼭 실수한다는 친구가 있었다. 실수를 반복하는데도 본인은 끝까지 실수라고 했다. 같은 실수가 반복된다면 그건 더 이상 실수가 아니다. 실력이다.

실수가 이어지면 자기 자신도 실력을 확신할 수 없다. 일정 기간은 결과가 없어도 성장하고 있다고 짐작할 수 있지만, 그 기간이 지나면 실적이 실력을 보여준다. 실수 때문에 실적을 측정할 수 없다면, 실력이 늘었는지 알아낼 방법이 없다.

같은 실수를 반복하지 않으려면 일단 자신의 상태를 인정해야 한다.

내 잘못을 인정하기는 괴롭다. 우연한 실수라고 우기지 말고 내가 일하는 체계에 문제가 있다는 점을 솔직히 인정하고 해답을 찾으면 된다.

마음먹기보다 시스템을 만들자

1) 실수하면 다시는 그러지 않겠다고 마음먹는다.
2) 잠재적인 문제가 언제든 생길 수 있다고 생각하자.
3) '실수하지 말자' vs '실수가 없도록 시스템을 만들자'.

실수하면 누구나 '다시는 실수하지 않겠다'라고 마음먹는다. 결심으로 실수가 줄면 좋겠지만 생각만큼 잘 되지 않는다.

일할 때 실수하는 이유를 알아내 실수 방지 방안을 준비하면 좋다. 사람들은 실수 방지 체계를 갖추기보다 마음가짐만 고치려 든다. 일하는 시스템을 만들기 위해 관찰하고 고민하는 과정은 귀찮아한다. 무엇보다 실수란 언제든 생길 수 있다는 점을 믿으려 하지 않는다. '실수가 나오면 안 된다. 나는 완벽해져야 한다.'라는 완벽주의 사고에 갇혀 있다.

기획하고 실행할 때는 착오가 따른다. '아예 어떤 문제도 생기면 안 돼!'라는 생각으로 접근해서는 문제가 풀리지 않는다. 문제는 언제든 생길 수 있으니 잠재하고 있는 실수에 미리 대비하겠다는 자세가 중요하다. 같은 실수를 반복하지 않기만 해도 실력자로 인정받는다.

예를 들어, 오늘 하루에 해야 할 일을 자주 깜빡하는 사람이라면 매일 아침 일정한 시간에 해야 할 일To do list을 작성하고 오전이 끝날 무렵, 다시 퇴근 무렵에 점검 시간을 가지면 도움이 된다. 늘 예산 잔액을 넘겨 지출하는 것이 문제라면 일주일에 한 번씩 예정 지출 명세를 점검하면 된다.

'절대 실수하지 않겠어'라는 다짐과 '실수가 없도록 시스템을 만들자'라는 생각은 큰 차이가 있다. 문제의 원인을 개인의 자세에서 찾느냐, 일하는 시스템에서 찾느냐의 차이다.

더블 체크와 포카요케

1) 더블 체크 시스템.
2) 포카요케 – 실수 자체를 제한하는 장치.

실수하지 않으려는 의지가 아무리 강해도 구체적인 대안을 마련하지 않으면 실수는 반복된다. 인간은 실수하는 존재라는 사실을 인정하고 미리 점검해서 방지하는 구조를 만들어야 한다.

실수가 거의 없는 창현 선배에게 비결을 물었다. 창현 선배는 더블 체크라는 방법을 만들어 반드시 이 과정을 거친다고 했다. 더블 체크는 자신이 일한 결과물에 대해 두 번 반복해서 점검하는 방법이다. 첫 번째는 규정이나 지침 측면에서 문제가 될 부분은 없는지 살핀다. 회사 규정은 당연히 지켜야 하는 사항인데도 평소 사규를 염두에 두고 일하는 직장인은 드물다. 처음부터 회사 규정을 염두에 둔다면 최종 보고 단계에서 규정에 어긋나는 점이 발견되어 일을 다시 시작하는 우를 범하지 않을 수 있다.

다음으로는 고객이나 상사 관점에서 체크리스트를 만들고 일을 점검한다. 실무자와 고객은 생각에 차이가 있다. 보고의 최종 고객이 되는 상사의 입장, 우리 상품이나 서비스를 이용할 고객 측면에서 만든 체크리스트는 실무자가 보기 힘든 실수를 점검하도록 도와준다.

포카요케poka yoke는 '실수' + '방지한다'라는 뜻의 일본어에서 온 말이다. 실수를 방지하도록 행동을 제한하거나 정확한 동작을 하게 만드는 방법을 가리킨다. 도요타의 여러 품질관리 기법 중 하나다.

예를 들어, 자동차는 기어를 주차 상태인 P로 놓지 않으면 시동이 걸리지 않는다. 시동을 걸었을 때 차가 갑자기 움직여 사고가 나는 것을 방지하기 위함이다. 회사 선배 중 하나는 과소비를 방지하기 위해서 체크카드만을 사용한다. 이런 실수 제한 장치가 포카요케다.

마감이 임박해서 일할 때는 실수가 생기기 쉽다. 이렇게 절대 실수가 있어서는 안 되는 일이라면 마감 하루이틀 전에 자체 마감일을 정해 업무를 마무리한다. 자료나 다른 보고서에서 데이터를 가져올 때는 자판으로 입력하지 않고 자료를 복사해서 붙여넣기 한다. 입력하면서 생기는 오류를 줄이기 위해서다. 간단한 수식이나 표, 계산이라도 계산기로 직접 계산하기보다 엑셀에 표 전체를 입력하여 컴퓨터가 계산하도록 한다. 계산기에 입력하고, 출력된 수치를 옮기는 과정에서 숫자를 잘못 넣는 실수를 막아준다.

08 | 삶과 일에서 의미 찾기

우리는 행복하기 위해 살아간다. 그리고 행복하기 위해 일한다. 어떻게 하면 일에서 의미를 찾아 일상을 버틸 수 있을까? 어떻게 하면 더 자주 행복할 수 있을까? 일을 그만두면 참 행복이 기다리고 있을까?

하나의 정해진 답을 찾는다면 언제까지고 발견할 수 없을지 모른다. 세상에 다양한 사람이 존재하듯 무수한 답이 가능하다. 당신의 답은 어디에 있을까? 스스로 일의 의미를 찾는 법을 따라가보자.

삶의 의미란 무엇인가?

> 1) 행복을 위해 성취를 늘리려는 사람과 눈높이를 맞추려는 사람이 있다.
> 2) 내 삶에서 일의 의미는 무엇일까?

그리스 스토아학파의 대표 철학자는 제논이다. 제논은 금욕과 평정을 행하는 현자를 최고의 선으로 본 스토아학파를 주도하고 스스로 절제를 미덕으로 삼았다. 절제 덕분이었는지 모르겠지만, 평균 수명이 짧았던 당시 사람들과 달리 70대까지 건강하게 살다 생을 마감했다. 제논은 행복이란 나의 눈높이를 분모로 하고, 밖에서 보이는 성취를 분자로 하는 공식을 따른다고 했다. 행복의 크기는 성취를 늘릴지 눈높이를 낮출지에 따라 많이 달라진다.

사회생활을 막 시작했을 때 나는 분자인 성취를 늘리고자 노력했다. 야근해서라도 인사평가를 잘 받고 동기들보다 빨리 승진하고 싶었다. 조금이라도 월급을 더 받아 재테크로 재산을 크게 불리겠다 다짐했다. 시간이 흐르자 분모를 줄이는 쪽에 시선이 더 갔다. 성취를 늘린다는 건 나 혼자만의 힘으로 되지 않았다. 운도 따라줘야 했고, 타이밍도 맞아야 했다. 반대로 눈높이를 낮추는 건 나만 마음먹으면 됐다.

일에서 즐거움을 느낄 수 있는 때는 언제일까? 오랫동안 고민했던 주제다. 조사 결과는 이렇다. 사람마다 일에서 추구하는 바가 다 다르다. 자신을 전문직으로 평가하는 사람일수록 전문 연수에 높은 가치를 둔다. 고급 세미나에서 비슷한 일을 하는 사람들끼리 어울릴 때 일의 보람을 느낀다. 영업이나 매출과 관련한 일을 하는 사람은 금전적 보상에 만족을 느낀다. 성과급이 커질수록 열정이 커진다.

지금 당신은 어떤 삶을 추구하고 있나? 어느 때 일에서 보람을 느끼나? 어느 때 행복 지수가 높아지는가?

나는 성장을 추구했다

> 1) 나는 일의 의미가 성장에 있다고 생각했다.
> 2) 성장은 잠시 현실을 잊는 위로제이자, 일의 진짜 가치다.

책을 읽고, 사람들을 만나고, 강연을 들었다. 일의 의미와 관련해서 가장 자주 언급된 키워드는 '성장'이었다. 일은 성장하기 위해서 한다. 성장을 느꼈을 때 일하는 행복을 느낀다. 물질적 보상은 금세 효과가 없어지지만, 성장은 우리 몸 안에 새겨진다. 인생의 선배들은 이렇게 말했다.

그래서 성장을 추구했다. 영어 학원, 코딩 학원에 다녀보고 꾸준히 책을 읽었다. 대학원에서 학위를 취득하고 자격증을 땄다. 과연 성장했다는 지표는 어떻게 확인할 수 있을까?

누군가는 눈에 보이는 지표를 추구한다. 자격증, 학위, 커리어 프로필, 프로젝트 참여 이력 등. 직접 경험해보니 눈으로 바로 확인하기는 좋았지만 '이게 진짜 성장인가?' 하는 의문이 생겼다.

누군가는 일한 결과물을 보고 주관적으로 판단한다. 기획서나 보고서의 품질이 좋아졌음을 느꼈을 때나 팀장이나 선배의 피드백을 통해 성장 여부를 가늠한다. 드물지만 고객의 칭찬 메시지를 받는 때도 있다. 눈에 보이는 지표보다는 실력에 가까운 지표라는 생각이 든다. 그래도 뭔가 부족하다.

어쩌면 성장은 이 모든 것의 종합 성적표인지 모른다. 자격증을 공부하며 기초 지식을 쌓고 이것들이 내 내면에 쌓인다. 보고서를 더 멋지게 쓰게 되면서 보고하는 실력도 늘어난다. 실력이 좋아지면서 괜찮은 평판이 쌓이면 이 일을 계속하는 것도 괜찮겠다는 생각이 든다. 그러다가 일이 잘 안 풀리면 역시 회사에서는 보람을 찾을 수 없다는 생각도 든다. 배우고, 가르치고, 기뻐하고, 좌절한다. 이것들이 다 어우러진 하나의 그림을 보고 일터에서의 내 모습을 판단하게 된다.

나는 '썩 괜찮았다.'라고 평가했다. 배운 게 많았고 친한 동료들도 생겼다. 일하며 쌓인 스트레스는 사람들과 같이 어울리며 잊을 수 있었다. 지나고 보니 재밌고 보람찬 순간이 조금 더 많았다. 이 정도면 된 게 아닐까?

스스로 의미를 찾는 방법

1) 배움 프레임 – 배우는 과정이라 생각하면 힘든 일도 투자가 된다.
2) 장점 프레임 – 하기 싫은 일도 무언가 좋은 점이 있다.
3) 봉사 프레임 – 타인을 돕기 위해 한다.
4) 상대 비교 프레임 – 더 힘들고 어려운 일을 하는 사람을 떠올린다.

도대체 일을 해서 뭐가 좋은 점이 있다는 건지 전혀 느낄 수 없다면 보람 포인트를 찾는 몇 가지 프레임을 알려주고 싶다. 인생 선배들이 권한 방법인데, 당신에게 꼭 통한다는 보장은 없다. 그렇지만 한번 시도해볼 만하다.

첫째, 배움 프레임이다. 회사에서 일하는 고생과 스트레스를 '배우는 과정의 산물'이라고 생각한다. 빌런 때문에 짜증이 나면, '빌런을 슬기롭게 상대하는 방법'을 배우고 있다고 생각한다. 확실히 위안이 되고, 실제로 배우는 것이 많다. 최소한 스트레스로 인한 각종 질병이나 정신 질환을 멀리 할 수 있는 유용한 방법임이 입증되고 있다. 단, 생각의 틀이 아니라 현실을 바꿔야겠다는 사람에게는 통하지 않는다.

둘째, 장점 프레임이다. 긍정 프레임이라고 부르기도 한다. 나는 한때 높은 분들의 회의 자료 작성 담당자였다. 1년 내내 보고서를 만들었다. 내가 만든 보고서 중 80퍼센트가 회의에서 언급조차 되지 않았다. 10퍼센트 정도는 논의가 됐으나 결론 없이 지나갔다. 즉, 10개의 보고서 중 9개가 실행되지 않고 쓰레기통으로 들어갔다.

처음에는 내가 왜 이 일을 해야 하는지 심한 자괴감에 빠졌다. 그런데 달리 생각해보니 하루가 너무 빨리 지나가서 좋았고, 주말이 빨리 왔다. 의미 없는 보고서였지만 보고서를 만들어내는 실력이 늘었다. 세상에는 장점이 하나도 없는 일은 없다. 생각하기 나름이다.

셋째, 내 일을 통해 타인을 돕는다고 생각하는 봉사 프레임이다. 인사팀에서 행정 업무를 기계적으로 하는 나에게 한 선배가 이런 말을 했다. "인사팀은 직원들의 행복을 위해 일하는 부서니까 보람이 크겠네. 나도 직원의 한 사람으로서 고마움을 느낀다." 업무량만 많고, 반복하는 행정 절차가 많은 일이라고 생각했었다. 선배가 한 말 덕분에 한동안 작은 자부심을 느낄 수 있었다. 문제는 이런 보람이 직접적으로 다가오는 일은 거의 없고, 이것도 결국 해석의 문제라는 점이다.

넷째, 나보다 더 힘들고 어려운 사람들과 견주는 상대 비교 프레임이다. 매일 야근이 반복되던 때, 'EBS 극한 직업'이라는 프로그램을 일부러 찾아보곤 했다. 한여름 용광로 옆에서 일하는 분들, 나뭇가루가 가득 찬 공장에서 일하는 분들, 무거운 중장비를 사용해서 일하는 분들이 나왔다. '그래, 저렇게 고생하는 분들이 많은데 지금 내가 하는 일로 불평하면 안 되지!' 며칠은 그분들의 모습을 떠올리며 현실에 만족하기 위해 애썼다.

다시 제논의 행복론을 생각해보자. 삶에서 행복, 일하는 보람을 찾는 방법에는 두 가지가 있다. 성취 분자를 늘리는 것과 내 눈높이 분모를 줄이는 방법. 당신은 어느 쪽을 선택할 것인가?

버티면 성장한다

소통 벽을 허물고 함께 일하기 위해

지금까지 '팀장이 당신에게 진짜 원하는 것'이라는 화두로, 회사 업무 전반에서 일 잘하기 위해 무엇을 어떻게 할지 다양하게 다루었다. 조금 더 깊이, 더 넓게 다루지 못해 아쉬운 점도 있지만, 특별한 능력이나 기술이 아닌 누구나 시도해볼 수 있는 방법을 제시했다.

과거에도 그랬을 테지만 요즘에는 특히 세대 간의 소통이 쉽지 않다. 회사 안에서도 마찬가지다. 모든 것이 다르다. 일을 대하는 관점, 상사와 동료를 대하는 태도, 회사를 보는 시각 등이 많이 다르다. 시니어 사원들은 "요즘 젊은 친구들과 일하기 힘들다."는 말을 입에 달고 산다. 주니어 사원들 역시 답답하기는 마찬가지다. 오죽하면 '나 때는'이라는 말만 들어도 경기를 일으킬까?

MZ세대가 회사에서 가장 많이 한다는 말이 우스갯소리로 회자된 적이 있다. "왜요?", "제가요?", "지금이요?"라는 말이다. 나도 처음 들었을 때는 '성취에 대한 열망이 없나?' 하면서 이해하지 못했다. 하지만 "이 일을 하는 목적은 무엇인가요?", "제가 어떻게 하면 될까요?", "언제까지 할까요?"라는 그들만의 표현일 수도 있다고 생각하게 되었다. 지금은 분명 상사가 시키면 아무것도 묻지 못하고, 때로는 꾸중과 질책까지 받으며 일하는 시대가 아니다. 그렇다면 일을 함께 하고 지시하는 입장에서도 이를 고려해 미리 알려줘야 하지 않을까?

"왜 가르쳐주지 않으셨으면서 못한다고 하세요?", "그걸 일일이 가르쳐줘야 하니?" 다른 회사에 다니는 친구가 후배 사원과 나눴다는 대화 내용을 들었다. '가르쳐줄 거라고 믿었는데…', '당연히 알고 있을 거라 생각했는데…'. 서로 다른 생각을 한 채 접점을 찾지 못하니 소통이 원활하게 이루어지지 않는다. 그리고 무엇보다 우리는 모두 자기 눈앞에 닥친 일에 바쁘다.

생각을 공유하기는 쉽지 않다. 그런데 그걸 세대 차이라고만 치부해서는 안 된다고 생각했다. 이 책은 내가 일하면서 느끼고 배우고 경험한 것을 토대로, 나보다 조금 늦게 직장생활을 시작한 후배가 어렵지 않게 회사 업무를 잘해낼 수 있도록 정리했다.

모두가 정답일 수는 없다. 하나씩 실천해보면서 실력을 쌓고, 자기만의 성장 과정을 만들어가면 된다. 어떤 것은 바로 실행해볼 수 있지만 어떤 것은 시간이 꽤 필요하다. 다만 당장은 실력이 느는 것 같지 않아도, 별다른 효과가 없는 것 같아도 어느 순간 실력이 되고 스스로 성장을 깨닫는 시간이 온다.

커리어 목표를 세우자

회사 동료들과 '좋아하는 일을 해야 행복한지', '좋아하는 일도 밥벌이가 되면 즐겁지 않은 것인지'에 관해 토론한 적이 있다. 누구도 쉽게 답하지 못했다. 요즘은 '가슴이 시키는 일을 하라!'는 트렌드가 강하다. 많은 책들이 적성에 맞지 않는 일로 힘들어하지 말고 진짜 내 취향을 찾으라고 말한다.

나는 본래 증권사에서 투자 전문가가 되고 싶었다. 실제로 증권사에 입사했지만, 내가 보던 화려한 증권맨의 모습은 없었다. 좋아하는 일에 관한 기준도 쉽게 변한다는 사실을 이때 깨달았다.

자신의 의지로 실현하기 쉽지 않은 것이 커리어 목표다. 원하는 때 원하는 회사로 이직하기는 쉽지 않고, 회사 내에서는 희망 직무로 쉽게 배치해주지 않는다. 커리어가 오롯이 운에 달린 것이 아닌가 싶기도 하다.

커리어 목표는 세우는 것 자체로 의미가 있다. 목표가 분명하면 거기에 수반되는 과정을 인내할 수 있다. 좋은 커리어에는 시행착오를 겪는 '축적의 시간'이 요구된다. 아무리 노력해도 성과가 눈에 보이지 않는다고 느껴질 때가 바로 실력이 축적되는 때다. 목표가 분명한 사람은 이 축적의 시간을 견뎌낸다. 실력을 키우려면 먼저 내 커리어 목표를 생각해두자.

스스로 동기부여하자

내가 만난 일 잘하는 선배들은 스스로 동기부여를 잘했다. 흔히 동기부여는 리더의 몫이라고 한다. 높은 연봉을 받고 적절히 승진시켜주면 동기부여가 된다고도 한다. 하지만 아무리 뛰어난 리더라도 스스로 움직일 생각이 없는 사람을 목표 지점에 데려가지는 못한다.

어떤 이는 멘토를 만나 조언을 구한다. 다른 이는 책을 읽고, 강연에 참여한다. 사이드 프로젝트 형태로 새로운 일에 도전하기도 한다. 가만히 있는데 협력자가 불쑥 나타나거나, 기회가 제발로 찾아오지는 않는다.

열정을 불러일으키는 동기는 어디에서 나오는가? 그건 '삶의 목적'에서 온다. 최대한 빨리 부를 축적하고 싶은 것이 삶의 목적이면 높은 연봉으로 계약했을 때 동기가 생긴다. 커리어 목표대로 성장하여 전문가가 되겠다는 사람은 계획한 커리어에 도움이 되는 부서나 직무를 맡았을 때 동기가 일어난다. 사람을 통해 힘을 얻는다는 사람은 좋은 리더, 동료와 만났을 때 눈빛이 빛난다. 따라서 당신이 추구하는 가치의 우선순위는 어떤 것인지 자주 고민해보아야 한다.

끝까지 가보면 답이 나온다

마라톤은 완주하는 사람이 적기 때문에 끝까지 간 것만으로도 박수받는다. 갈수록 프로젝트 완주를 포기하는 사람, 한 직장에서 버티기를 포기하는 사람이 늘어난다. 이제 버티는 것만으로도 차별화된다. 끈기가 있고, 신뢰할 수 있으며, 마무리하는 능력이 있다고 평가받는다.

단순히 직장에 오래 남는 것이 미덕이라는 말은 아니다. 일이 벽에 부딪혀서 더는 진도가 안 나가는 것처럼 느껴질 때, 프로젝트가 좌충우돌할 때, 어쨌든 끝까지 해보는 것이 답일 때가 많다는 얘기다.

우리는 성공한 프로젝트라면 과정이 매끄럽게 진행되고 척척 진도가 나갔을 것이라고 짐작한다. 현실은 그렇지 않다. 금방이라도 좌초될 것처럼 문제에 부딪히고, 팀원들은 의견 대립으로 자주 다툰다. 프로젝트팀은 하루도 잠잠하지 않다. 위태위태하게 끝까지 버티고 간신히 성과를 내는 프로젝트가 대부분이다. 끝까지 가보았는데 기대보다 성과가 부족할 수도 있다. 그러나 중간에 그만두면 100퍼센트 완벽한 실패가 된다.

버티면 성장한다.

당신이 원하는 성장에 이른 그날을 미리 축하하고 싶다!